Couverture :
Ce tableau, commandé par M.-A. Ratisbonne, reproduit la Sainte Vierge dans l'attitude prise par elle à Saint-André-delle-Fratte de Rome, le 20 janvier 1842, au moment où elle lui ordonne de s'agenouiller.

« Je n'ai vu sur la Vierge
qu'une robe de miséricorde. »

M.-A. Ratisbonne

T. DE BUSSIERES

Le converti
DE LA
MÉDAILLE MIRACULEUSE

MARIE-ALPHONSE RATISBONNE

Préface d'André Frossard

PIERRE TÉQUI *éditeur*
82, rue Bonaparte, 75006 Paris

IMPRIMATUR :
Lutetiæ Parisiorum
die XI februarii 1930
die festo Apparitionis B. V. M.
V. Dupin
v. g.

NIHIL OBSTAT
Lutetiæ Parisiorum, die 11a februarii 1930.
Th. Devaux
s. p. S.

ISBN : 2-7403-0567-2

PRÉFACE

Je me rappelle encore ma stupeur en apprenant, une dizaine d'années après ma conversion, comment Ratisbonne était devenu chrétien : à cent ans d'intervalle, c'était la même aventure, les circonstances et l'itinéraire étaient identiques jusque dans le détail : l'athéisme ironique, les ascendances (plus ou moins) juives, le dilettantisme (d'un fils de banquier, d'un côté, et d'un instituteur de l'autre), l'ami qui vous veut du bien ? l'occasion, la voiture (à cheval, ou à moteur) qui s'arrête devant une église, l'ami qui vous invite à l'attendre, ou à le suivre, et que vous allez chercher un instant plus tard par curiosité, non pour la religion, mais pour un édifice inconnu, le regard qui inventorie vaguement le décor (à ce moment, vous êtes toujours athée) et tout à coup, sans préavis, à votre gauche, l'éblouissante explosion silencieuse qui refoule vos ténèbres, la sensation d'être tiré de la boue, sauvé au sens le plus maritime du mot, totalement neuf et instruit de tout ce qui importe par cette lumière spirituelle qui n'est autre que l'incandescence de la vérité elle-même ! N'est-ce pas extraordinaire ? Deux différences pourtant : Ratisbonne a eu le bonheur de voir la Vierge Marie ; dans mon cas, la lumière ne comportait pas d'image. Deuxième différence, Ratisbonne a fondé un ordre, et je crois bien qu'il est devenu un saint.

Les conversions instantanées sont assez rares, mais il est encore plus rare qu'elles se ressemblent, et je me demande si l'on en pourrait citer deux qui présentent autant de points communs dans deux siècles qui en ont si peu.

Ce « doublon » spirituel devrait, il me semble, aider beaucoup de chrétiens à sortir de leur doute. *Testis unus, testis nullus,* dit-on. Mais lorsque deux témoins se présentent et disent la même chose sans s'être jamais rencontrés, et pour cause ? ne faut-il pas les entendre, quel que soit leur parcours ultérieur, et encore que l'un soit plus grand que l'autre ? On me dira que si deux témoignages font foi, en justice, ils ne la donnent pas en religion. C'est vrai. Mais quel dommage !

André Frossard

RELATION AUTHENTIQUE DE LA CONVERSION DE MARIE-ALPHONSE RATISBONNE

Et omnis plebs, ut vidit, dedit laudem Deo.
(saint Luc, 18)

Celui qui, sur la route de Jéricho, se servit d'un peu de boue pour ouvrir à la lumière du ciel les yeux d'un aveugle-né, le Christ, a permis que je fusse le principal témoin de l'événement le plus extraordinaire, si on le considère au seul point de vue de la raison humaine.

Je raconte un fait incontestable ; je dis ce que j'ai vu de mes yeux ; ce qu'une foule de témoins honorables peut affirmer, ce que Strasbourg ne pourra croire, ce que Rome entière admire : un homme jouissant de tout son bon sens, de toute la plénitude de ses facultés, et par un de ces coups de la grâce qui terrassa Saül sur le chemin de Damas, il en est sorti, dix minutes après, catholique de cœur et de volonté.

Vers la fin de l'automne de l'année 1841, un jeune homme appartenant à une famille de Strasbourg, distingué par sa position et par l'estime de tous, arrivait à Naples, afin de poursuivre jusqu'en Orient un voyage de santé et de plaisir. Ce n'était pas sans regret qu'il avait quitté sa patrie, car il y laissait une fiancée chérie, une jeune fille belle et douce qu'il aimait comme un trésor d'espérance. Cette jeune fille était sa propre nièce ; mais un sentiment mutuel, bien plus que des convenances de famille, avait déterminé ce mariage.

Alphonse Ratisbonne était Israélite destiné à une position brillante, il se promettait de consacrer tous ses efforts à la *régénération*[1] de ses coreligionnaires ; il rapportait à ce but toutes ses pensées et toutes ses

1. Plus d'un lecteur aura souri, en lisant le mot *régénération* appliqué aux efforts et aux espérances de M. Ratisbonne, en faveur de ses coreligionnaires ; mais il faut bien parler la langue de son époque.

M. Ratisbonne avait vu, avec toute la douleur d'un noble cœur, l'avilissement et les misères morales des classes pauvres parmi les Israélites. L'objet de son ambition était de travailler, par tous les moyens, à les secourir, à les rendre moins malheureux, pour les rendre meilleurs. De là cet empressement avec lequel il se mettait en avant, pour arriver à son but.

On n'a point sans doute oublié à Strasbourg qu'il fut un de ceux qui se donnèrent le plus de mouvement pour une certaine loterie, et je crois aussi un certain mal pour une souscription, dont le produit devait être appliqué à soulager les pauvres Israélites. Ne dirait-on pas que la Providence avait voulu que ce nom de Ratisbonne fût connu de tous, afin que tous pussent mieux comprendre et admirer l'infinie miséricorde, dont il devait être un si mémorable exemple ?

espérances ; car il s'indignait de tout ce qui pouvait rappeler la malédiction qui pèse sur les descendants de Jacob. Il n'était encore qu'un enfant, lorsque, à quinze ans, un coup bien sensible vint briser une de ses affections les plus chères. Théodore Ratisbonne, son frère, se convertit au catholicisme, et entra dans les ordres sacrés. Le temps n'avait pu cicatriser cette plaie, chaque année ajoutait à sa haine ; jamais il n'avait pu pardonner à celui qu'il regardait comme un transfuge, et contre lequel il excitait, il nourrissait sans cesse l'opiniâtre ressentiment de sa famille.

Cependant, le beau ciel de Naples ne pouvait lui faire oublier l'Orient, but du voyage, ni surtout les joies du retour. Il ne lui restait que quelques mois pour visiter la Sicile, Malte et Constantinople. L'été de 1842 devait le ramener près de celle qu'il aimait et consacrer une union qui fixerait désormais sa position et assurerait son bonheur; il fallait partir. Il sort donc un matin, pour aller, sans plus de délai, fixer sa place sur le bateau à vapeur, qui devait le mener à Palerme. Chemin faisant, il songe qu'il n'a pas vu Rome; qu'une fois de retour, marié, lancé dans les affaires, associé peut-être à la maison de son oncle, il est peu probable qu'il puisse revenir en Italie. Absorbé par ces réflexions, il entre dans un bureau ; mais c'est celui des diligences ; il y retient une place, et trois jours après, il est à Rome.

Du moins il n'y fera qu'un bien court séjour ; sa volonté est précise, son parti irrévocablement pris : dans quinze jours, il sera de retour à Naples. C'est en vain que la Ville éternelle lui étalait toutes ses merveilles ; il ne peut rester un moment de plus ; l'Orient et sa fiancée l'attendent.

Le voilà donc visitant les ruines, les églises, les galeries, en passant en vrai touriste les courses, les impressions et les souvenirs confus. Il a hâte d'en finir avec cette ville qu'il est venu voir, moins encore par curiosité que par une sorte d'entraînement qui s'explique mal. Il part demain ; mais il doit une visite d'adieu à un ancien ami. Gustave de Bussières a été élevé avec lui dans la même pension, et les deux camarades d'enfance sont restés intimement liés, malgré l'opposition de leurs idées religieuses. Gustave, mon frère, est protestant très zélé, de la secte des piétistes. Il avait quelquefois essayé, mais en vain, d'attirer à lui le jeune Israélite ; les causeries se terminaient ordinairement par deux mots, qui rendaient assez bien la situation morale des deux interlocuteurs : *Protestant enragé!* disait l'un ; *Juif encroûté!* répondait l'autre.

Ratisbonne ne trouve point mon frère, qui était parti pour la chasse. Il vient chez moi, mais il n'entrera pas ; il se contentera de mettre une carte *p.p.c.* Le hasard ou plutôt la Providence permet qu'il s'adresse à un domestique italien qui, le comprenant mal, l'introduit à son grand regret dans le salon.

Jusqu'à ce moment, nous ne nous étions rencontrés qu'une seule fois chez mon frère, et malgré mes avances, je n'avais obtenu de Ratisbonne que la froide politesse d'un homme bien élevé. Cependant, c'est l'ami de Gustave, c'est le frère de l'abbé Ratisbonne, avec lequel je suis intimement lié ; je le reçois donc de mon mieux ; je lui parle de ses courses ; il me raconte ce qu'il a vu et ses impressions. « Il m'est arrivé, ajoute-t-il, une chose assez extraordinaire : en visitant l'église d'Araceli, au Capitole, je me suis senti saisi d'une émotion profonde que je ne pouvais expliquer. Témoin de mon agitation, le valet de place me demanda ce qui m'arrivait, si je voulais me retirer ; prétendant que plusieurs fois il avait vu des étrangers éprouver cette même émotion. »

Il paraît qu'au moment où Ratisbonne me faisait cette confidence, mes regards étincelants de joie semblaient lui dire : *Tu seras des nôtres ;* car il se hâta d'affirmer avec une intention bien marquée que cette impression avait été purement religieuse, nullement chrétienne.

« D'ailleurs, continua-t-il, en descendant du Capitole, un bien triste spectacle vint rallumer toute ma haine contre le catholicisme : je traversais le ghetto et, tout en voyant la misère et la dégradation des Juifs, je me disais qu'après tout il valait mieux être du côté des opprimés que de celui des oppresseurs.» Notre causerie tendait à la discussion; j'essayais, dans mon entraînement, de lui faire partager mes convictions catholiques, et lui, souriant de mes efforts, me répondait avec une bienveillante pitié pour ma superstition : *qu'il était né Juif et qu'il mourrait Juif :*

Alors il me vint l'idée la plus extraordinaire, une idée du ciel, car les sages du monde l'auraient appelée folie.

« Puisque vous êtes un esprit si fort et si sûr de vous-même, promettez-moi de porter sur vous ce que je vais vous donner.

— Voyons, de quoi s'agit-il ?

— Simplement de cette médaille. »

Et je lui montre une médaille de la Vierge miraculeuse. Il se rejette vivement en arrière, avec un mélange d'indignation et de surprise.

« Mais, ajoutai-je froidement, d'après votre manière de voir, cela doit vous être parfaitement indifférent, et c'est me faire, à moi, un très grand plaisir.

— Oh ! qu'à cela ne tienne, s'écria-t-il alors en éclatant de rire ; je veux au moins vous prouver qu'on fait tort aux Juifs en les accusant d'obstination et d'un insurmontable entêtement. D'ailleurs, vous me fournissez là un fort joli chapitre pour mes notes et impressions de *voyage.* » Et il continuait des plaisanteries qui me navraient le cœur, car, pour moi, c'étaient des blasphèmes.

Cependant, je lui avais passé au col un ruban, auquel mes petites filles, pendant notre débat, avaient attaché la médaille bénite. Il me restait quelque chose de plus difficile encore à obtenir, je voulais qu'il récitât la pieuse invocation de saint Bernard : *Memorare o piisima Virgo...* Pour le coup, il n'y tint plus ; il me refusa positivement avec un ton qui semblait dire : cet homme est en vérité par trop impertinent. Mais une force intérieure me poussait moi-même, et je luttais contre ces refus réitérés avec une sorte d'acharnement. Je lui tendais la prière, le suppliant de l'emporter avec lui, mais d'être assez bon pour la copier, parce que je n'en avais pas d'autre exemplaire.

Alors, avec un mouvement d'humeur et d'ironie, comme pour échapper à mes importunités : « Soit, je l'écrirai ; vous aurez ma copie et je garderai la vôtre » ; et il se retira en murmurant tout bas : « Voilà un original bien indiscret. Je voudrais bien savoir ce qu'il dirait si je le tourmentais ainsi pour lui faire réciter une de mes prières juives ? »

Lorsqu'il fut sorti, nous nous regardâmes quelque temps en silence, ma femme et moi. Tout affligés des blasphèmes que nous avions entendus, nous en demandions au ciel pardon pour lui ; nous recommandions à nos deux petites filles de réciter le soir *l'Ave Maria,* pour la conversion d'Alphonse.

Désormais toutes les circonstances deviennent si importantes pour constater l'œuvre du Seigneur que c'est un devoir pour moi de raconter, autant que possible, ce que j'ai fait, ce qu'a fait Ratisbonne, depuis le jour où il a emporté le *Memorare* jusqu'au moment où la Mère des miséricordes lui arracha le bandeau qui l'empêchait de voir, jusqu'à celui où il a eu le bonheur de faire devant tous profession de la foi catholique.

Ratisbonne ne pouvait assez s'étonner de mes instances ; il avait pourtant copié cette prière, à laquelle j'attribuais une si puissante efficacité, il la lisait et relisait, afin d'y découvrir ce qui me la rendait si précieuse de la lire, il la savait presque par cœur ; revenait à chaque instant à la mémoire, répétait machinalement, comme ces airs d'opéra qu'on chante sans y penser, et en s'en impatientant.

Quant à moi, j'étais tout préoccupé de ce qui s'était passé entre moi et un homme avec lequel je n'avais aucune relation d'intimité, avec lequel j'avais causé ce jour-là pour la première fois. Je ne pouvais me rendre compte de cette force intérieure qui me poussait vers lui, et qui, en dépit de tous les obstacles et de l'opiniâtre indifférence qu'il opposait à mes efforts, me donnait une conviction intime, inexplicable, que tôt ou tard Dieu lui ouvrirait les yeux. J'étais décidé à l'empêcher à tout prix de partir dans la soirée. J'allai lui faire une visite à l'hôtel Serny, et ne l'ayant trouvé, je l'engageai par un billet à vouloir bien passer chez moi, le lendemain dimanche, vers dix heures et demi du matin.

Le soir, selon un pieux usage de Rome, je devais faire, avec le prince M.A.B. et d'autres amis, la veillée devant le Saint Sacrement. Je leur recommandai de se joindre à mes prières pour obtenir de Dieu la conversion d'un Juif.

Dimanche 16 janvier 1842

Ratisbonne fut exact au rendez-vous ; et m'abordant d'un air très dégagé : « Eh bien ! j'espère que vous ne songez plus à vos rêveries d'hier. Je viens prendre congé de vous, je pars cette nuit.

— Mes rêveries ! ce qu'il vous plaît d'appeler ainsi, me préoccupent plus que jamais ; et, quant à votre départ, n'en parlons pas, car il faut absolument le remettre à huit jours.

— Impossible, ma place est retenue.

— Qu'importe ? Allons ensemble au bureau des diligences dire que vous ne partez plus.

— Ah ! cette fois, c'est trop fort ; très décidément, je pars.

— Très décidément vous ne partirez pas, dussé-je vous tenir sous clef dans ma chambre. »

Et je lui représente qu'il ne peut quitter Rome sans avoir vu une cérémonie à Saint-Pierre ; que dans peu de jours, il aura cette occasion ; bref, je l'entraîne, tout stupéfait de mon opiniâtreté, et après avoir été ensemble faire rayer son nom de la liste des voyageurs, je le conduis à l'église des Augustins et à celle de Jésus.

Ce même jour, dînant au palais Borghèse avec le comte de Laferronays, je lui racontais, dans la soirée, ma préoccupation du moment : je recommandai instamment à ses prières mon jeune Israélite. Il me confessait ingénument lui-même, dans l'épanchement de cette causerie intime, la confiance qu'il avait toujours eue en la protection de la Sainte Vierge, même à une époque où les agitations de la politique ne lui permettaient pas toujours cette piété pratique, dont il nous a donné l'exemple dans les dernières années de sa vie. « Ayez confiance, me répétait-il ; s'il dit le *Memorare,* vous le tenez, et bien d'autres encore. »

Lundi 17 janvier 1842

Je fis quelques promenades nouvelles avec Ratisbonne, qui vint me prendre vers une heure. Je remarquai avec chagrin le peu de fruit que produisaient nos conversations ; car il était toujours dans les mêmes dispositions : hostile et dénigrant pour le catholicisme ; cherchant à échapper par la raillerie aux arguments qu'il ne se donnait pas la peine de réfuter.

M. de Laferronays mourut presque subitement le soir à onze heures, laissant aux amis qu'il avait édifiés par la ferveur de ses dernières années, comme à la famille qui le pleurait, l'exemple de ses vertus, et la consolation d'espérer que Dieu ne l'avait appelé à lui que parce qu'il était mûr pour le ciel[2], Habitué depuis longtemps à l'aimer comme un père, je partageais, avec les larmes de tous les siens, les tristes soins qu'imposait cette douloureuse circonstance ; mais le souvenir de Ratisbonne me poursuivait jusque auprès du cercueil de mon ami.

Mardi 18 janvier 1842

J'avais passé une partie de la nuit au milieu de cette famille si justement éplorée. Comprenant mieux que personne sa douleur, j'hésitais à me séparer d'elle ; et pourtant une préoccupation inquiète ramenait sans cesse ma pensée à Ratisbonne, comme si une main invisible m'eût poussé vers lui. Je ne voulais pas

2. Voir à la fin de ce volume quelques détails sur les derniers instants de cet homme si noble et si chrétien.

me séparer de ce qui restait ici-bas de mon ami; je ne pouvais pas éloigner ma pensée de cette jeune âme que je voulais conquérir à ma foi. Je dis ma lutte intérieure à M. l'abbé Gerbet, depuis évêque de Perpignan, que la Providence a établi depuis longtemps l'ange gardien et consolateur de la famille Laferronays : « Allez, me répondit-il, allez, continuez votre œuvre : c'est vous conformer aux intentions de M. dé Laferronays, qui a prié avec ardeur pour la conversion de ce jeune homme. »

Me voilà donc de nouveau courant après Ratisbonne, m'emparant de lui, lui montrant les antiquités religieuses, pour fixer sa pensée sur les vérités catholiques ; mais je parle en vain. Je voulus qu'il visitât une seconde fois avec moi l'église d'Aracœli. S'il y éprouva encore une certaine impression, elle fut bien fugitive, car il m'écoutait froidement, et ne répondait à toutes mes réflexions que par des plaisanteries. « Je songerai à tout cela, disait-il, quand je serai à Malte ; j'en aurai le temps, je dois y passer deux mois. Ce sera bon pour me désennuyer. »

Mercredi 19 janvier 1842

Je dirigeai notre promenade vers le Capitole et le Forum. Près de là, sur le mont Celio, s'élève l'église de St-Etienne-le-Rond, dont les murs sont couverts de fresques, qui représentent avec une effrayante vérité les différents supplices au milieu desquels expiraient les martyrs. La vue de ces tortures fit éprouver à Ratisbonne un sentiment d'horreur. « Ce spectacle est affreux, s'écria-t-il, pour prévenir mes réflexions ; mais vos coreligionnaires ont été tout aussi cruels envers les pauvres Juifs du Moyen Age que les persécuteurs des premiers siècles à l'égard des chrétiens. »

Je lui montrai à Saint-Jean-de-Latran les bas-reliefs placés au-dessus des statues des douze Apôtres, ils représentent, d'un côté, les figures de l'Ancien Testament ; de l'autre, leur accomplissement par le Messie. Ces rapprochements lui paraissent ingénieux.

Nous nous acheminions vers la villa Wolkonski. Ratisbonne s'étonnait de ma tranquillité ; il ne pouvait l'expliquer avec cet ardent désir de le convertir, lui qui, disait-il, était plus juif que jamais. Je lui répondis que, plein de confiance dans les promesses de Dieu, j'étais convaincu, puisqu'il était de bonne foi, qu'il serait un jour catholique, quand bien même le Seigneur devrait lui envoyer un ange pour l'éclairer.

Nous passions dans ce moment devant la *Scala santa* et, désignant mon compagnon, je dis tout haut en ôtant mon chapeau : « Salut, saint escalier, voici un homme qui un jour vous montera à genoux. » Ratisbonne se prit à rire aux éclats. Nous nous séparâmes sans que je pusse emporter la plus faible espérance d'avoir le moins du monde ébranlé ses convictions. Mais je croyais à celui qui a dit : « Frappez et on vous ouvrira. » J'allai prier près du bien-aimé défunt; agenouillé près de son cercueil, je le conjurai de m'aider à convertir mon ami, si, comme je l'espérais, il était déjà lui-même au séjour des bienheureux.

Jeudi 20 janvier 1842

Ratisbonne n'a point fait un seul pas vers la vérité, sa volonté est restée la même, son esprit toujours railleur, ses pensées toujours aux choses de la terre. Il entre vers midi au café de la place d'Espagne pour y lire les journaux. Il y trouve mon beau-frère, Edmond Humann; s'entretient avec lui des nouvelles du jour, avec un abandon et une légèreté qui excluent l'idée de toute préoccupation grave.[3]

Il est une heure. Je dois prendre quelques arrangements à l'église de Saint-André *delle Fratte* pour la cérémonie du lendemain. — Mais voici Ratisbonne qui descend la via *Condotti ;* il viendra avec moi, m'attendra quelques minutes, et nous poursuivrons notre promenade. Nous entrons à l'église. Ratisbonne apercevant les préparatifs du service, me demande pour qui ils sont destinés. — Pour un ami que je viens de perdre, M. de Laferronays, que j'aimais extrêmement. Alors il se met à se promener dans la nef, son regard froid et indifférent semble dire : « Cette église est bien laide. » Je le laisse du côté de l'épître, à droite d'une petite enceinte, disposée pour recevoir le cercueil, et j'entre dans l'intérieur du couvent.

Je n'ai que quelques mots à dire à l'un des moines : je voudrais faire préparer une tribune pour la

3. Il semble que la providence se soit plu à tout disposer, pour exclure la possibilité d'esprit où se trouvait M. Ratisbonne, au moment où la grâce la plus inattendue allait le jeter dans une voie nouvelle. Vers midi et demi, en sortant du café, il rencontre M. le baron A. de Lotzbeck, son ami de pension : il s'entretient gaiement avec lui des choses les plus futiles ; il cause de bal, de plaisir et de la fête qu'a donnée le prince T... Assurément, si quelqu'un lui eût dit dans ce moment : « Avant deux heures vous serez catholique », il l'aurait cru fou.

famille du défunt; mon absence dure à peine dix ou douze minutes.

En rentrant dans l'église, je n'aperçois pas d'abord Ratisbonne; puis je le découvre bientôt agenouillé devant la chapelle de l'ange saint Michel. Je m'approche de lui, je le pousse trois ou quatre fois avant qu'il s'aperçoive de ma présence. Enfin, il tourne vers moi un visage baigné de larmes, joint les mains, et me dit avec une expression impossible à rendre :

« Oh ! comme ce Monsieur a prié pour moi ! »

J'étais moi-même stupéfait d'étonnement; je sentais ce qu'on éprouve en présence d'un miracle. Je relève Ratisbonne; je le guide, je le porte, pour ainsi dire, hors de l'église; je lui demande ce qu'il a, où il veut aller : « Conduisez-moi où vous voudrez, s'écrie-t-il, après ce que j'ai vu, j'obéis. » Je le presse de m'expliquer; il ne le peut pas, son émotion est trop forte. Il tire de son sein la médaille miraculeuse, qu'il couvre de baisers et de larmes. Je le ramène chez lui, et malgré ses instances, je ne puis obtenir de lui que des exclamations entrecoupées de sanglots : « Ah! que je suis heureux ! Que Dieu est bon ! quelle plénitude de grâces et de bonheur ! Que ceux qui ne savent pas sont à plaindre ! » Puis il fond en larmes en pensant aux hérétiques et aux mécréants. Enfin, il me demande s'il n'est pas fou... « Mais non, s'écrie-t-il, je suis dans mon bon sens ; mon Dieu, mon Dieu ! je ne suis pas fou ! tout le monde sait bien que je ne suis pas fou ! »

Lorsque cette délirante émotion commence à se calmer, Ratisbonne, avec un visage radieux, je dirais presque transfiguré, me serre dans ses bras, m'embrasse, me demande de le mener chez un confesseur, veut savoir quand il pourra recevoir le baptême, sans lequel il ne saurait plus vivre, soupire après le bonheur des martyrs, dont il a vu les tourments sur les murs de Saint-Étienne-le-Rond. Il me déclare qu'il ne s'expliquera qu'après en avoir obtenu la permission d'un prêtre : « Car ce que j'ai à dire, ajoute-t-il, je ne puis le dire qu'à genoux. »

Je le conduis aussitôt au Gesu, près du père de Villefort, qui l'engage à s'expliquer. Alors Ratisbonne tire sa médaille, l'embrasse, nous la montre, et s'écrie : « **Je l'ai vue, je l'ai vue !** » et son émotion le domine encore. Mais bientôt, plus calme, il peut s'exprimer, voici ses paroles :

« J'étais depuis un instant dans l'église, lorsque tout d'un coup je me suis senti saisi d'un trouble inexprimable. J'ai levé les yeux; tout l'édifice avait disparu à mes regards; une seule chapelle avait, pour ainsi dire, concentré toute la lumière, et au milieu de ce rayonnement, a paru, debout sur l'autel, grande, brillante, pleine de majesté et de douceur, la Vierge Marie, telle qu'elle est sur ma médaille; une force irrésistible m'a poussé vers elle. La Vierge m'a fait signe de la main de m'agenouiller, elle a semblé me dire : C'est bien! Elle ne m'a point parlé, mais j'ai tout compris. »

Ce court récit, Ratisbonne nous l'avait fait en s'interrompant souvent, comme pour respirer et maîtriser l'émotion qui l'oppressait. Nous l'écoutions, nous, avec une sainte frayeur mêlée de joie et de reconnaissance, admirant la profondeur des voies de Dieu et les trésors ineffables de sa miséricorde. Un mot surtout nous avait frappés par sa mystérieuse profondeur. « *Elle ne m'a point parlé; mais j'ai tout compris.* » Désormais, en effet, il suffit d'entendre Ratisbonne; la foi catholique s'exhale de son cœur comme un parfum précieux du vase qui le renferme, mais ne peut le contenir. Il parle de la présence réelle, comme un homme qui la croit de toutes les forces de son âme; c'est encore trop peu dire, comme un homme qui la sent.

En quittant le père de Villefort, nous allâmes rendre grâces à Dieu, d'abord à Sainte-Marie-Majeure... la chère basilique de la Vierge, puis à Saint-Pierre.

Impossible de traduire les transports de Ratisbonne lorsqu'il se trouva dans ces églises :

« Ah ! me disait-il en me pressant les mains, je comprends maintenant l'amour des catholiques pour leurs églises, et la piété qui les porte à les orner, à les embellir ! Comme on est bien ici ! on voudrait n'en jamais sortir... Ce n'est plus la terre, c'est presque le ciel. »

Auprès de l'autel du très saint Sacrement, la présence réelle de la Divinité l'écrasait à tel point qu'il allait perdre connaissance, s'il ne se fût éloigné aussitôt, tant il lui paraissait horrible d'être en présence du Dieu vivant, avec la tache originelle. Il alla se réfugier dans la chapelle de la Sainte Vierge[4].

« Ici, me dit-il, je ne puis pas avoir peur; je sens que je suis protégé par une miséricorde immense. »

4. Il nous est impossible de ne pas consigner ici une circonstance, que les âmes pieuses et dévouées à Marie seront heureuses de remarquer. M. Ratisbonne est né en 1814, le premier du mois de mai, du mois consacré à la mère de la grâce divine.

Il pria avec la plus grande ferveur auprès du tombeau des saints Apôtres. L'histoire de la conversion de saint Paul, que je lui racontai, lui fit encore verser d'abondantes larmes.

Il s'étonnait du lien puissant et posthume, pour conserver son expression, qui l'unissait à M. de Laferronays ; il voulait passer la nuit auprès de son cercueil. La reconnaissance, disait-il, lui en faisait un devoir. Mais le père de Villefort, le voyant fatigué, combattit prudemment ce pieux désir et lui conseilla de ne pas veiller plus tard que dix heures.

Ratisbonne nous avoua alors que la nuit précédente, il n'avait pas pu dormir ; qu'il avait eu constamment devant lui une grande croix, d'une forme particulière et sans Christ « J'ai fait, dit-il, d'incroyables efforts pour chasser cette image, sans jamais pouvoir y parvenir. » Quelques heures après, voyant par hasard le revers de la médaille miraculeuse, il a reconnu sa croix.

Cependant, j'éprouvais la plus vive impatience de revoir la famille Laferronays. J'avais de si douces consolations à leur porter, dans le moment même où l'on allait enlever à leur douleur les restes vénérés de celui qu'ils pleuraient. J'entre dans la chambre mortuaire dans un état d'agitation, j'ai presque dit de joie, qui fixe soudain l'attention de tous, et fait comprendre que j'ai quelque chose de bien important à dire. Tous me suivent dans la chambre voisine, et je raconte à la hâte ce qui vient de se passer.

C'étaient des nouvelles du ciel que je leur apportais. Les larmes de la douleur se changent un moment en larmes de reconnaissance. Ces pauvres cœurs affligés peuvent maintenant supporter, avec toute la résignation des vrais chrétiens, le plus cruel des sacrifices, le dernier de ceux que la mort impose, le dernier adieu à la dépouille mortelle de celui qu'on a aimé...

Mais j'étais pressé de retrouver le fils que le ciel venait de me donner; il m'avait prié de ne pas le laisser seul; il lui fallait un ami pour épancher dans son cœur les profondes émotions de cette journée.

Je lui demandai de nouveaux détails sur la vision miraculeuse. Il ne pouvait expliquer lui-même comment il était passé du côté droit de l'église à la chapelle qui est à gauche, et dont il était séparé par les préparatifs du service funèbre. Il s'était tout à coup trouvé à genoux et prosterné auprès de cette chapelle. Au premier moment, il avait pu apercevoir la Reine du ciel dans toute sa splendeur de sa beauté sans tache; mais ses regards n'avaient pu soutenir l'éclat de cette lumière divine. Trois fois il avait essayé de contempler encore la Mère des miséricordes ; trois fois ses inutiles efforts ne lui avaient permis de lever les yeux que jusqu'à ses mains bénies, d'où s'échappait, en gerbes lumineuses, un torrent de grâces.

« Ô mon Dieu, s'écria-t-il, moi qui, une demi-heure auparavant, blasphémais encore ! moi qui éprouvais une haine si violente contre la religion catholique ! Mais tous ceux qui me connaissent savent bien qu'humainement j'avais les plus fortes raisons pour rester juif. Ma famille est juive, ma fiancée est juive, mon oncle est juif... En me faisant catholique, je romps avec tous les intérêts et toutes les espérances de la terre, et pourtant je ne suis pas fou, on le sait bien que je ne suis pas fou, que je ne l'ai jamais été ! on doit donc me croire. »

Vendredi, 21 janvier 1842.

La nouvelle de cet éclatant prodige commençait à circuler dans Rome. On courait de l'un à l'autre ; on s'interrogeait, on racontait, on consignait les détails incomplets que l'on avait obtenus. On avait beau se tenir en garde, pour ne rien accepter légèrement, le doute devenait bientôt impossible en présence de faits si évidents, si incontestables. On rendait grâces à Dieu de se trouver à Rome dans un moment où il avait plu à son inépuisable bonté de ranimer notre confiance pour la Vierge Immaculée, en manifestant d'une manière si admirable la puissance de son intercession. Chacun voulait voir et entretenir ce jeune homme trois fois heureux, pour qui la Mère de la grâce divine était descendue du ciel.

J'étais avec Ratisbonne chez le Père de Villefort, lorsque le général Chlapouski pénétra jusqu'à nous. « Monsieur, vous avez donc vu l'image de la Sainte Vierge ? et dites-moi comment… — L'image ! mais je l'ai vue elle-même, en réalité, en personne, comme je vous vois là. »

Je ne puis m'empêcher de l'observer ici : si quelque illusion eût été possible, avec les circonstances de caractère, d'éducation, de préjugés, d'intérêt de cœur et de position que j'ai racontées, elle n'aurait pu du moins être produite par aucune représentation extérieure ; car il n'y a dans la chapelle où s'est opéré le miracle, ni statue, ni tableau, ni image quelconque représentant la Vierge.

Je voulus reconduire Ratisbonne dans le sein de la famille Laferronays. L'événement le plus important de sa vie était tellement uni avec le malheur qui les accablait tous, que c'était un devoir pour lui d'adoucir l'amertume de leurs larmes, en leur redisant lui-même par quel lien d'éternelle reconnaissance le ciel avait voulu l'enchaîner à l'âme du juste. Mais il était trop ému pour parler avec quelque suite : il serrait avec une agitation impossible à rendre ces mains qu'on lui tendait comme à un frère, à un enfant chéri. « Oh ! croyez-moi, croyez à mes paroles, répétait-il quand on le pressait de questions... C'est aux prières de M. de Laferronays que je dois ma conversion. »

C'est chez moi que le nouveau converti passa le peu de jours qui s'écoulèrent jusqu'à la retraite par laquelle il devait se préparer au baptême. Il me communiquait quelques passages des lettres qu'il écrivait à sa fiancée, à son oncle, à tous les membres de sa famille, afin que je pusse pénétrer jusqu'au fond de son âme. Dans nos causeries intimes, il revenait sans cesse sur les preuves évidentes, qui devaient convaincre les plus incrédules de la miraculeuse intervention du ciel dans sa conversion, et de sa propre sincérité.

« Les motifs les plus graves, disait-il, les intérêts les plus puissants sur le cœur de l'homme, m'enchaînent à ma religion. On doit donc croire un homme qui sacrifie tout à une conviction qui ne peut venir que du ciel... Si tout ce que j'ai affirmé n'est pas rigoureusement vrai, je commets l'acte le plus coupable, le plus insensé.

« En débutant dans la religion que j'embrasse par un mensonge sacrilège... non seulement je risque ma position dans cette vie, mais je perds mon âme, et j'assume sur ma tête l'effrayante responsabilité de toutes celles qu'entraînerait mon exemple... Où est donc mon intérêt ? Hélas ! quand mon frère s'est converti au catholicisme et s'est fait prêtre, j'ai été de toute la famille celui qui l'a persécuté avec le plus d'acharnement. Nous étions brouillés ; moi du moins je le détestais, car lui il m'avait pardonné. A l'époque de mes fiançailles, je me dis qu'il fallait me réconcilier avec mon frère ; je lui écrivis quelques lignes bien froides, et il me répondit par une lettre pleine de tendresse et de charité. »

« L'un de mes jeunes neveux mourut il y a dix-huit mois. Mon frère l'abbé voulut le baptiser ; quand je le sus, je fus comme un furieux.... J'espère que Dieu m'enverra de cruelles épreuves, afin de lui rendre gloire, et de prouver au monde que je suis de bonne foi. »

Oui, il est de bonne foi l'homme qui, à l'âge de vingt-huit ans, sacrifie toutes les joies de son cœur, toutes les espérances de sa vie, pour obéir à sa conscience. Car il a apprécié toutes les conséquences de sa résolution ; car il sait déjà que le christianisme, c'est le culte de la croix ; on lui a dit et répété toutes les épreuves qui l'attendent, tous les devoirs qu'impose la religion nouvelle dans laquelle il brûle d'entrer.

Dès le premier moment où il a demandé le baptême, on l'a conduit auprès du vénérable Père qui dirige une Société bien chère à tous les amis de Dieu. Celui-ci, après l'avoir écouté avec une douce bonté, mais en même temps avec une grande gravité, lui a fait considérer attentivement les sacrifices qu'il aurait à faire, les graves obligations qu'il aurait à remplir, les combats particuliers qui l'attendaient, les tentations, les épreuves de toute nature auxquelles une résolution semblable allait l'exposer; et lui montrant un crucifix qui était sur sa table :

« Cette croix, lui dit-il, que vous avez vue pendant votre sommeil, quand une fois vous serez baptisé, non seulement il faudra l'adorer, mais la porter ; puis, ouvrant le livre des saintes Écritures, il chercha le deuxième chapitre de *l'Ecclésiastique,* et lut à M. Ratisbonne ces paroles :

« Mon fils, lorsque vous vous engagez au service de Dieu, préparez votre âme à la tentation et à l'épreuve, et demeurez ferme dans la justice et dans la crainte du Seigneur ; tenez votre âme humiliée, et attendez dans la patience ; prêtez l'oreille aux paroles de la sagesse, et ne perdez point courage au moment de l'épreuve ; souffrez avec patience l'attente et les retards de Dieu. Demeurez uni à Dieu, et ne vous lassez pas d'attendre, acceptez de bon cœur tout ce qui vous arrivera, demeurez en paix dans votre douleur, et au temps de votre humiliation conservez la patience, car l'or et l'argent s'épurent par le feu, mais les hommes que Dieu veut recevoir au nombre des siens, il les éprouve dans le creuset des humiliations et de la douleur. Ayez donc confiance en Dieu, et il vous tirera de tous vos maux ; espérez en lui, conservez sa crainte, et vieillissez dans son amour. »

La lecture de ces divines paroles fit sur Ratisbonne une profonde impression. Loin de le décourager, elles affirment sa résolution, en le faisant entrer dès lors dans les sentiments du christianisme le plus sérieux et le plus fort. Il les écouta néanmoins en silence ; mais à la fin de la retraite qui précéda son baptême, la veille de cette grande journée, il alla, le soir, trouver le saint prêtre qui lui avait lu ces paroles huit jours auparavant, et lui en demanda une copie, en disant qu'il voulait les conserver, et les méditer tous les jours de sa vie.

Tels sont les faits que je livre à la méditation de tous les hommes sérieux. Je les ai exposés sans art, dans toute leur simplicité, dans toute leur vérité pour l'édification de ceux qui croient, pour l'enseignement de ceux qui cherchent encore le lieu de leur repos ; heureux si, après avoir erré trop longtemps dans les ténèbres et les contradictions des sectes protestantes, je pouvais, par ce simple récit, inspirer à quelque frère égaré la volonté de s'écrier, comme l'aveugle de l'Évangile : *Seigneur, faites que je voie ;* car celui qui prie ouvre bientôt les yeux au soleil de la vérité catholique.

Théodore de Bussières

LETTRE
DE M. MARIE-ALPHONSE RATISBONNE
à M. Dufriche-Desgenettes
Fondateur et directeur de l'archiconfrérie
de Notre-Dame-des-Victoires

Nous croyons devoir faire précéder le récit de la conversion de M. Marie-Alphonse Ratisbonne du préambule dont le vénérable curé de Notre-Dame-des-Victoires l'a accompagné dans le premier bulletin des *Annales de l'archiconfrérie.*

La nouvelle de la conversion de M. Alphonse Ratisbonne fut donnée à l'archiconfrérie du saint Cœur de Marie, le dimanche 30 janvier 1842, à l'office du soir, par M. l'abbé Ratisbonne, notre sous-directeur. Il nous serait impossible de rendre compte de l'impression que ce touchant et si intéressant récit fit sur toute l'assemblée. Quand l'abbé Ratisbonne, après avoir raconté les circonstances de cette merveilleuse conversion, dit : « Cet Alphonse dont je vous parle est mon frère... », il n'y avait qu'un sentiment, il n'y eut qu'un cri pour l'exprimer ; les cœurs se dilatèrent, et un *ah!* prolongé épancha ce que les cœurs ne pouvaient plus garder d'admiration et de joie. Que de larmes furent répandues, et qu'elles étaient douces ! Jusque-là on avait admiré la divine miséricorde, on jouissait du retour de cet enfant à la maison de son père, c'était la joie du chrétien. Mais à ces mots : *C'est mon frère !* toute l'assemblée partagea la joie de ce pieux ecclésiastique : chacun était devenu son frère. Sur la demande qui nous fut faite par plusieurs de nos confrères, au moment où nous descendions de la chaire, nous chantâmes un *Magnificat* en actions de grâces. Depuis un an, la famille du jeune néophyte était l'objet de nos vœux, et quinze jours avant sa conversion, il avait été de nouveau et spécialement recommandé par son frère aux prières publiques.

Voulant faire partager à tous nos confrères la sainte joie qui remplit nos cœurs, et ne voulant rien présenter que d'exact, nous avons prié M. Marie-Alphonse Ratisbonne de nous donner lui-même la relation de sa conversion. Voici l'extrait d'une lettre qu'il nous a écrite :

Collège de Juilly, 12 avril 1842

Ma première pensée et le premier cri de mon cœur, au moment de ma conversion, fut d'ensevelir ce secret avec mon existence tout entière au fond d'un cloître, afin d'échapper au monde, qui ne pouvait plus me comprendre, et de me donner tout à mon Dieu, qui m'avait fait entrevoir et goûter les choses d'un autre monde. Je ne voulais point parler sans la permission d'un prêtre : on me conduisit vers celui qui représentait Dieu pour moi. Il m'ordonna de révéler ce qui m'était arrivé ; je le fis, autant que cela m'était possible, de vive voix. Aujourd'hui je tâcherai, après quelques semaines de retraite, d'embrasser plus de détails ; et c'est à vous, Monsieur le Curé, à vous qui avez fondé l'archiconfrérie pour la conversion des pécheurs, c'est à vous que les pécheurs doivent compte des grâces qu'ils ont obtenues.

Si je ne devais vous raconter que le fait de ma conversion, un seul mot suffirait : le nom de *Marie !* mais on vous demande d'autres faits ; on veut savoir quel est ce fils d'Abraham qui a trouvé à Rome la vie, la grâce et le bonheur. Je veux donc, en invoquant d'abord l'assistance de ma céleste Mère, vous exposer bien simplement toute la suite de ma vie.

Ma famille est assez connue, car elle est riche et bienfaisante, et à ces titres, elle tient depuis longtemps le premier rang en Alsace. Il y a eu, dit-on, beaucoup de piété dans mes aïeux : les chrétiens, aussi bien que les juifs ont béni le nom de mon grand-père, le seul juif qui, sous Louis XVI, obtint, non seulement le droit de posséder des propriétés à Strasbourg, mais encore des titres de noblesse. Telle fut ma famille; mais aujourd'hui, les traditions religieuses y sont entièrement effacées.

Je commençai mes études sur les bancs du collège royal de Strasbourg, où je fis plus de progrès dans la corruption du cœur que dans l'instruction de l'intelligence.

C'était vers l'année 1825 (je suis né le 1er mai 1814); à cette époque, un événement porta un rude coup à ma famille : mon frère Théodore, sur lequel on fondait de grandes espérances, se déclara chrétien; et, bientôt après, malgré les plus vives sollicitations et la désolation qu'il avait causée, il alla plus loin, se fit prêtre, et exerça son ministère dans la même ville, sous les yeux de mon inconsolable famille. Tout jeune que j'étais, cette conduite de mon frère me révolta, et je pris en haine son habit et son caractère. Élevé au milieu de jeunes chrétiens indifférents comme moi, je n'avais éprouvé jusqu'alors ni sympathie ni antipathie pour le christianisme; mais la conversion de mon frère, que je regardais comme une inexplicable folie, me fit croire au fanatisme des catholiques, et j'en eus horreur.

On me retira du collège pour me mettre dans une institution protestante dont le magnifique prospectus avait séduit mes parents. Les fils des grandes maisons protestantes d'Alsace et d'Allemagne venaient s'y former à la vie fashionable de Paris, et s'adonnaient aux plaisirs bien plus qu'à la science. Je me présentai néanmoins aux examens en sortant de cette pension et, par un bonheur peu mérité, je fus reçu bachelier ès lettres.

J'étais alors maître de mon patrimoine, puisque bien jeune encore je perdis ma mère, et, quelques années après, mon père : mais il me restait un digne oncle, le patriarche de ma famille, un second père, qui n'ayant point d'enfants, avait mis toute son affection dans les enfants de son frère.

Cet oncle, si connu dans le monde financier pour sa loyauté et sa capacité peu ordinaire, voulut m'attacher à la maison de banque dont il était le chef; mais je fis d'abord mon droit à Paris, et après avoir reçu le diplôme de licencié et revêtu la robe d'avocat, je fus rappelé à Strasbourg par mon oncle, qui mit tout en œuvre pour me fixer auprès de lui. Je ne saurais énumérer ses largesses : chevaux, voitures, voyages, mille générosités m'étaient prodiguées, et il ne me refusait aucun caprice. Mon oncle ajouta à ces témoignages d'affection une marque plus positive de sa confiance : il me donna la signature de la maison, et me promit, en outre, le titre et les avantages d'associé... promesse qu'il réalisa en effet le 1er janvier de cette année 1842. C'est à Rome que j'en reçus la nouvelle.

Mon oncle ne me faisait qu'un seul reproche: mes fréquents voyages à Paris. Tu aimes trop les Champs-Élysées, me disait-il avec bonté. Il avait raison. Je n'aimais que les plaisirs : les affaires m'impatientaient, l'air des bureaux m'étouffait; je pensais qu'on était au monde pour en jouir; et, bien qu'une certaine pudeur naturelle m'éloignât des plaisirs et des sociétés ignobles, je ne rêvais cependant que fêtes et jouissances, et je m'y livrais avec passion.

Heureusement qu'à cette époque une bonne œuvre se présenta à mon besoin d'activité : je la pris chaudement à cœur. C'était l'œuvre de la *régénération* des pauvres Israélites, comme on l'appelle improprement; car je comprends aujourd'hui qu'il faut autre chose que de l'argent et des loteries de charité pour régénérer un peuple sans religion. Mais enfin je croyais alors à la possibilité de cette rénovation et je devins un des membres les plus zélés de la *Société d'encouragement au travail en faveur des jeunes Israélites,* Société que mon frère, le prêtre, avait fondée à Strasbourg, il y a une quinzaine d'années, et qui toujours a subsisté, malgré le peu de ressources dont elle pouvait disposer.

Je parvins à remplir sa caisse, et je crus avoir beaucoup fait.

Ô charité chrétienne ! que tu as dû sourire à mon orgueilleux contentement ! Le juif s'estime beaucoup quand il donne beaucoup ; le chrétien donne tout et se méprise : il se méprise tant qu'il ne s'est pas donné lui-même : et quand il s'est donné tout entier, il se méprise encore.

Je m'occupais donc laborieusement du sort de mes pauvres coreligionnaires, quoique je n'eusse aucune religion. J'étais juif de nom, voilà tout ; car je ne croyais pas même en Dieu. Je n'ouvris jamais un livre de religion ; et dans la maison de mon oncle, pas plus que chez mes frères et sœurs, on ne pratiquait la moindre prescription du judaïsme.

Un vide existait dans mon cœur, et je n'étais point heureux au milieu de l'abondance de toutes choses.

Quelque chose me manquait ; mais cet objet me fut donné aussi, du moins je le croyais !

J'avais une nièce, la fille de mon frère aîné, qui m'était destinée depuis que nous étions enfants tous les deux. Elle se développait avec grâce sous mes yeux et, en elle, je voyais tout mon avenir et toute l'espérance du bonheur qui m'était réservé. Il ne me paraît pas convenable de faire ici l'éloge de celle qui fut ma fiancée. Cela serait inutile pour ceux qui ne la connaissent pas : mais ceux qui l'ont vue savent qu'il serait difficile de s'imaginer une jeune fille plus douce, plus aimable et plus gracieuse. Elle était pour moi une création toute particulière, qui semblait faite uniquement pour compléter mon existence ; et lorsque les vœux de toute ma famille, d'accord avec nos sympathies mutuelles, fixèrent enfin ce mariage si longtemps désiré, je crus que désormais rien ne manquerait plus à ma félicité.

En effet, après la célébration de mes fiançailles, je voyais toute ma famille au comble de la joie ; mes sœurs étaient heureuses ! Elles ne me faisaient qu'un reproche, c'était d'aimer trop ma fiancée, et elles s'avouaient jalouses ; car je dois dire ici qu'il est peu de familles où l'on s'aime plus que dans la mienne : la plus intime union, la plus tendre affection règne et régna toujours entre mes frères et sœurs, et cet amour va presque jusqu'à l'idolâtrie... Oh ! elles sont si bonnes, mes sœurs, si aimantes ! Pourquoi donc ne sont-elles pas chrétiennes ?

Il n'y avait qu'un seul membre de ma famille qui m'était odieux ; c'était mon frère Théodore. Et cependant il nous aimait aussi ; mais son habit me repoussait, sa présence m'offusquait ; sa parole grave et sérieuse excitait ma colère. Un an avant mes fiançailles, je ne pus retenir ces ressentiments, et je les lui exprimai dans une heure qui dut rompre à jamais tous rapports entre nous. Voici en quelle occasion. Un enfant était à l'agonie, mon frère Théodore ne craignit point de demander ouvertement aux parents la permission de le baptiser, et peut-être allait-il le faire, quand j'eus connaissance de sa démarche. Je regardais ce procédé comme une indigne lâcheté ; j'écrivis au prêtre de s'adresser à des hommes et non à des enfants, et j'accompagnai ces paroles de tant d'invectives et de menaces, qu'aujourd'hui encore je m'étonne que mon frère ne m'ait pas répondu un seul mot. Il continua ses relations avec le reste de la famille ; quant à moi, je ne voulus plus le voir, je nourrissais une haine amère contre les prêtres, les églises, les couvents, et surtout contre les Jésuites, dont le nom seul provoquait ma fureur.

Heureusement que mon frère quitta Strasbourg ; c'était tout ce que je désirais. Il fut appelé à Paris, à Notre-Dame-des-Victoires, où il ne cesserait, disait-il, en nous faisant ses adieux, de prier pour la conversion de ses frères et sœurs. Son départ me soulagea d'un grand poids ; je cédai même aux instances de ma famille à l'occasion de mes fiançailles en lui écrivant quelques mots d'excuses. Il me répondit avec amitié, me recommandant ses pauvres, auxquels je fis en effet parvenir une petite somme.

Après cette espèce de raccommodement, je n'eus plus aucun rapport avec Théodore, et je ne pensai plus à lui, je l'oubliai... tandis que lui, il priait pour moi !

Je dois consigner ici une certaine révolution qui s'opéra dans mes idées religieuses à l'époque de mes fiançailles.

Je l'ai dit, je ne croyais à rien ; et dans cette entière nullité, dans cette négation de toute foi, je me trouvais parfaitement en harmonie avec mes amis catholiques ou protestants ; mais la vue de ma fiancée éveillait en moi je ne sais quel sentiment de dignité humaine ; je commençais à croire à l'immortalité de l'âme ; bien plus, je me mis instinctivement à prier Dieu ; je le remerciais de mon bonheur, et pourtant je n'étais pas heureux... Je ne pouvais me rendre compte de mes sentiments ; je regardais ma fiancée comme mon bon ange ; je le lui disais souvent ; et, en effet, sa pensée élevait mon cœur vers un Dieu que je ne connaissais pas, que je n'avais jamais invoqué.

On jugea convenable, à cause de l'âge trop tendre de ma fiancée, de retarder le mariage.

Elle avait seize ans. Je dus faire un voyage d'agrément en attendant l'heure de notre union. Je ne savais de quel côté diriger mes courses ; une de mes sœurs, établie à Paris, me voulait près d'elle ; un excellent ami m'appelait en Espagne. Je résistai aux instances de plusieurs autres, qui me communiquaient de séduisants projets. Je m'arrêtai enfin à la pensée d'aller droit à Naples, de passer l'hiver à Malte afin d'y fortifier ma santé délicate, et de revenir ensuite par l'Orient ; je pris même des lettres pour Constantinople, et partis vers la fin de novembre 1841. Je devais être de retour au commencement de l'été suivant.

Oh ! que mon départ fut triste ! Je laissais là une fiancée bien-aimée, un oncle qui ne s'épanouissait qu'avec moi, des sœurs, des frères, des nièces, dont la société faisait mes plus chères délices ; je laissais encore ces écoles de travail, ces pauvres Israélites dont je m'occupais si activement, et enfin des amis nombreux qui m'aimaient, des amis d'enfance que je ne pouvais quitter sans verser des larmes, car je les aimais et je les aime encore !...

Partir seul et pour un long voyage ! Cette pensée me jetait dans une profonde mélancolie. « Mais, me disais-je, Dieu m'enverra peut-être un ami sur ma route ! »

Je me rappelle deux singularités qui signalèrent les derniers jours qui précédèrent mon départ ; et aujourd'hui ces souvenirs me frappent vivement.

Je voulus, avant de me mettre en voyage, donner ma signature à un grand nombre de quittances concernant la Société d'encouragement au travail... Je les datais d'avance le 15 janvier, et à force d'écrire cette date sur une foule de pièces, je me fatiguais, et je me disais en posant ma plume :

« Dieu sait où je me trouverai le 15 janvier, et si ce jour ne sera pas le jour de ma mort ! »

Ce jour-là je me trouvai à Rome, et ce jour sera pour moi l'aurore d'une nouvelle vie !

Une autre circonstance intéressante fut la réunion de plusieurs Israélites notables qui s'assemblèrent pour aviser aux moyens de réformer le culte judaïque et de le mettre en harmonie avec l'esprit du siècle. Je me rendis à cette assemblée, où chacun donna son avis sur les perfectionnements projetés. Il y avait autant d'avis que d'individus ; on discuta beaucoup, on mit en question toutes les convenances de l'homme, toutes les exigences du temps, toutes les dictées de l'opinion, toutes les idées de la civilisation ; on fit valoir toute espèce de considération ; on n'en oublia qu'une seule, la loi de Dieu. De celle-là, il ne fut pas question ; je ne sache même pas que le nom de Dieu ait été prononcé une seule fois, pas plus que le nom de Moïse, ni le nom de la Bible.

Mon avis à moi était qu'on laissât tomber toutes les formes religieuses, sans recourir ni aux livres, ni aux hommes et que chacun en particulier, comme tous ensemble, pratiquerait sa croyance à la façon qu'il l'entendrait.

Cet avis prouve ma haute sagesse en fait de religion ; j'étais dans le progrès, comme vous voyez. On se sépara sans rien faire.

Un Israélite, plus sensé que moi, avait dit cette parole remarquable que je rapporte textuellement :

« Il faut nous hâter de sortir de ce vieux temple, dont les débris craquent de toutes parts, si nous ne voulons pas être bientôt ensevelis sous ses ruines. » Paroles pleines de vérités, que chaque Israélite répète aujourd'hui tout bas. Mais, hélas ! il y a dix-huit siècles qu'ils sont sortis de leur vieux temple, et ils n'entrent point dans le temple nouveau dont les portes sont ouvertes devant eux.

Je partis enfin. En sortant de Strasbourg, je pleurais beaucoup, j'étais agité d'une foule de craintes, de mille étranges pressentiments. Arrivé au premier relais, des cris de joie entremêlés de musique en plein vent me tirèrent de mes rêveries. C'était une noce de village qui était sortie joyeuse et bruyante de l'église au son des flûtes et des violons rustiques, les gens de la noce entourèrent ma voiture comme pour m'inviter à prendre part à leur joie. « Bientôt ce sera mon tour ! » m'écriai-je. Et cette pensée ranima toute ma gaieté.

Je m'arrêtai quelques jours à Marseille, où mes parents et mes amis me reçurent avec fête. Je ne pus presque point m'arracher à cette élégante hospitalité. Il en coûte, en effet, de quitter les rives de France, quand on laisse derrière soi toute une vie d'affection et d'aimables souvenirs. Outre les chaînes qui m'arrêtaient à ces rivages, la mer elle-même semblait ne point vouloir me livrer passage ; elle soulevait des montagnes pour me barrer le chemin ; mais ces montagnes s'abaissèrent devant la vapeur qui me transporta à Naples. Je pus jouir bientôt du spectacle de l'immensité qui se déployait sur ma tête ; mais ce qui me frappait plus que le ciel et la mer, c'était l'homme, faible créature qui brave les dangers et maîtrise les éléments. Mon orgueil, en ce moment, s'élevait plus haut que les vagues de la mer, et formait de nouvelles montagnes plus tenaces et moins flexibles que les flots qui nous battaient.

Le navire, avant d'arriver à Naples, fit une halte à Civita-Vecchia. Au moment d'entrer au port, le canon du fort tonnait avec force. Je m'informai avec une maligne curiosité du motif de ce bruit de guerre sur les terres pacifiques du pape. — On me répondit : « C'est la fête de la Conception de Marie. » — Je haussai les épaules sans vouloir débarquer.

Le lendemain, à la lumière d'un soleil magnifique qui étincelait sur la fumée du Vésuve, nous abordâmes à Naples. Jamais aucune scène de la nature ne m'avait plus vivement ébloui ; je contemplais alors avec avidité les brillantes images que les artistes et les poètes m'avaient données du ciel.

Je passai un mois à Naples pour tout voir et tout écrire ; j'écrivis surtout contre la religion et les prêtres qui, dans cet heureux pays, me semblaient tout à fait déplacés. Oh ! que de blasphèmes dans mon journal ! Si j'en parle ici, c'est pour faire connaître la noirceur de mon esprit. J'écrivis à Strasbourg que j'avais bu sur le Vésuve du *lacryma christi* à la santé de l'abbé Ratisbonne, et que de telles larmes me faisaient du bien à moi-même. Je n'ose transcrire les horribles jeux de mots que je me permis en cette circonstance.

Ma fiancée me demanda si j'étais de l'avis de ceux qui disent : Voir Naples et mourir. Je lui répondis : Non ; mais voir Naples et vivre ; vivre pour la voir encore.

Telles étaient mes dispositions.

Je n'avais aucune envie d'aller à Rome, bien que deux amis de ma famille, que je voyais souvent, m'y engageassent vivement : c'était M. Coulmann, protestant, ancien député de Strasbourg, et M. le baron de Rothschild, dont la famille à Naples me prodiguait toute espèce de prévenances et d'agréments. Je ne pus céder à leurs conseils... Ma fiancée désirait que j'allasse droit à Malte, et elle m'envoya un ordre de mon médecin qui me recommandait d'y passer l'hiver en me défendant positivement d'aller à Rome à cause des fièvres malignes qui, disait-il, y régnaient.

Il y avait là plus de motifs qu'il n'en fallait pour me détourner du voyage de Rome, si ce voyage s'était trouvé sur mon itinéraire. Je pensais y aller à mon retour, et je pris ma place à bord du *Mongibello* pour me rendre en Sicile. Un ami m'accompagna sur le bateau et me promit de revenir au moment du départ pour me dire adieu. Il vint, mais ne me trouva point au rendez-vous. Si jamais M. de Rèchecourt apprend le motif qui m'y a fait manquer, il s'expliquera mon impolitesse, et la pardonnera sans aucun doute.

M. Coulmann m'avait mis en rapport avec un aimable et digne homme qui devait faire comme moi le voyage de Malte ; j'étais heureux de cette rencontre, et je me disais : « Ah ! voilà l'ami que le ciel m'a envoyé ! »

Cependant, le bateau n'était pas encore parti le premier jour de l'an. Ce jour s'annonçait pour moi sous les plus tristes conditions. J'étais seul à Naples sans recevoir les vœux de personne, sans que j'eusse personne à serrer dans mes bras ; je pensais à ma famille, aux souhaits et aux fêtes qui entourent à pareille époque mon bon oncle ; je versais des larmes, et la gaieté des Napolitains augmentait ma tristesse. Je sortis pour me distraire, en suivant machinalement le flot de la foule. J'arrivai sur la place du Palais et me trouvai, je ne sais comment, à la porte d'une église. J'y entre. On y disait la messe, je crois. Quoi qu'il en soit, je me tins là, debout, appuyé contre une colonne, et mon cœur semblait s'ouvrir et aspirer une atmosphère inconnue ; je priais à ma manière sans m'occuper de ce qui se passait autour de moi ; je priais pour ma fiancée, pour mon oncle, pour mon père défunt. Pour la bonne mère dont j'ai été privé si jeune, pour tous ceux qui m'étaient chers, et je demandais à Dieu quelques inspirations qui pussent me guider dans mes projets d'améliorer le sort des Juifs, pensée qui me poursuivait sans cesse.

Ma tristesse s'en était allée comme un noir nuage que le vent dissipe et chasse au loin ; et tout mon intérieur, inondé d'un calme inexprimable, ressentait une consolation semblable à celle que j'aurais éprouvée si une voix m'avait dit : *Ta prière est exaucée !* Oh ! oui, elle était exaucée au centuple et au-delà de toutes prévisions, puisque le dernier jour du même mois, je devais recevoir solennellement le baptême dans une église de Rome !

Mais comment suis-je allé à Rome ?

Je ne puis le dire, je ne puis l'expliquer à moi-même. Je crois que je me suis trompé de chemin ; car au lieu de me rendre au bureau des places de Palerme, vers lequel je me dirigeais, je suis arrivé au bureau des diligences de Rome. J'y suis entré et je pris ma place. Je fis dire à M. Vigne, l'ami qui devait m'accompagner à Malte, que je n'avais pu résister à faire une courte excursion à Rome, et que je serais positivement de retour à Naples pour en repartir le *20 janvier.* J'eus tort de m'engager ; car c'est Dieu qui dispose, et cette date du 20 janvier devait marquer autrement dans ma vie. Je quittai Naples le 5, et j'arrivai à Rome le 6, jour des Rois. Mon compagnon de voyage était un Anglais, nommé Marshall, dont la conversation originale m'amusa beaucoup en chemin.

Rome ne me fit point, au premier abord, l'impression que j'espérais. J'avais d'ailleurs si peu de jours à donner à cette excursion improvisée, que je me hâtais de dévorer en quelque sorte toutes les ruines anciennes et modernes que la ville offre à l'avidité d'un touriste. Je les entassais pêle-mêle dans mon imagination et sur mon journal. Je visitais avec une monotone admiration les galeries, les cirques, les églises, les catacombes, les innombrables magnificences de Rome. J'étais accompagné le plus souvent de mon anglais et d'un valet de place : je ne sais à quelle religion ils appartenaient, car ni l'un ni l'autre ne se déclarèrent chrétiens dans les églises; et si je ne me trompe, je m'y conduisais avec plus de respect que les deux autres.

Le 8 janvier, au milieu de mes courses, j'entends une voix qui m'appelle dans la rue; c'était un ami d'enfance, Gustave de Bussières. J'étais heureux de cette rencontre, car mon isolement me pesait. Nous allâmes dîner chez le père de mon ami, et, dans cette douce société, j'éprouvai quelque chose de cette joie qu'on ressent sur une terre étrangère, en retrouvant les vivants souvenirs du pays natal.

Quand j'entrai dans le salon, M. Théodore de Bussières, le fils aîné de cette honorable famille, le quittait. Je ne connaissais point personnellement le baron Théodore, mais je savais qu'il était l'ami de mon frère, son homonyme : je savais qu'il avait abandonné le protestantisme pour se faire catholique; c'en était assez pour m'inspirer une profonde antipathie. Il me semblait qu'il éprouvait à mon égard le même sentiment. Cependant, comme M. Théodore de Bussières s'était fait connaître par ses voyages en Orient et en Sicile, qu'il a publiés, j'étais bien aise, avant d'entreprendre les mêmes courses, de lui demander quelques indications; et, soit par ce motif, soit par simple politesse, je lui exprimai mon intention de lui faire ma visite. Il me fit une réponse de bon goût, et ajouta qu'il venait de recevoir des lettres de l'abbé Ratisbonne, et qu'il m'indiquerait la nouvelle adresse de mon frère. « Je la recevrai volontiers, lui dis-je, quoique je n'en use point. »

Nous en demeurâmes là et, en me séparant de lui, je murmurais en moi-même de la nécessité où je m'étais engagé de faire une visite inutile et de perdre un temps dont j'étais avare.

Je continuai à courir dans Rome tout le long du jour, sauf deux heures que je passais le matin avec Gustave, et le repos que je prenais le soir au théâtre ou en soirée. Mes entretiens avec Gustave étaient animés; car, entre deux camarades de pension, les moindres souvenirs fournissent d'intarissables sujets de rire et de causeries. Mais il était zélé protestant et enthousiaste comme le sont les piétistes d'Alsace. Il me vantait la supériorité de sa secte sur toutes les autres sectes chrétiennes, et cherchait à me convertir, ce qui m'amusait beaucoup ; car je croyais que les catholiques seuls avaient la manie du prosélytisme. Je ripostais ordinairement par des plaisanteries ; mais une fois, pour le consoler de ses vaines tentatives, je lui promis que si jamais l'envie me prenait de me convertir, je me ferais piétiste. Je lui en donnai l'assurance, et, à son tour, il me fit une promesse, celle de venir assister aux fêtes de mon mariage, au mois d'août. Ses instances pour me retenir à Rome furent inutiles. D'autres amis, MM. Edmond Humann et Alfred Lotzbeck, s'étaient joints à lui pour me déterminer à passer le carnaval à Rome. Mais je ne pus m'y décider ; je craignais de déplaire à ma fiancée, et M. Vigne m'attendait à Naples, d'où nous devions partir le 20 janvier.

Je mis donc à profit les dernières heures de mon séjour à Rome, pour achever mes courses. Je me rendis au Capitole et visitai l'église *d'Aracoeli.* L'aspect imposant de cette église, les chants solennels qui retentissaient dans sa vaste enceinte et les souvenirs historiques éveillés en moi par le sol même que je foulais aux pieds, toutes ces choses firent sur moi une impression profonde. J'étais ému, pénétré, transporté, et mon valet de place, s'apercevant de mon trouble me dit, en me regardant froidement, que plus d'une fois il avait remarqué cette émotion dans les étrangers qui visitent *l'Aracoeli.*

En descendant du Capitole, mon cicérone me fit traverser le *Ghetto* (quartier des Juifs). Là, je ressentis une émotion toute différente, c'était de la pitié et de l'indignation. Quoi ! me disais-je à la vue de ce spectacle de misère, est-ce donc là cette charité de Rome qu'on proclame si haut ! je frissonnais d'horreur, et je me demandais si, pour avoir tué un seul homme il y a dix-huit siècles, un peuple tout entier méritait un traitement si barbare et des préventions si interminables !... Hélas ! je ne connaissais pas alors ce seul homme ! et j'ignorais le cri sanguinaire que ce peuple avait poussé... cri que je n'ose répéter ici et que je ne veux pas redire. J'aime mieux me rappeler cet autre cri exhalé sur la croix : — *Pardonnez-leur, Ô mon Dieu ! car ils ne savent ce qu'ils font !*

Je rendis compte à ma famille de ce que j'avais vu et ressenti. Je me souviens d'avoir écrit que j'aimais mieux être parmi les opprimés que dans le camp des oppresseurs. Je retournai au Capitole, où l'on se donnait beaucoup de mouvement à *l'Aracoeli,* pour une cérémonie du lendemain. Je m'enquis du but de tant de préparatifs. On me répondit qu'on disposait la cérémonie du baptême de deux Juifs, MM. Constantini, d'Ancône. Je ne saurais exprimer l'indignation qui me saisit à ces paroles ; et quand mon guide me demanda si je voulais y assister : « Moi ! m'écriai-je, moi ! assister à de pareilles infamies ! Non, non : je ne pourrais m'empêcher de me précipiter sur les baptisants et sur les baptisés ! »

Je dois dire, sans crainte d'exagérer, que jamais de ma vie je n'avais été plus aigri contre le christianisme que depuis la vue du *Ghetto.* Je ne tarissais point en moqueries et en blasphèmes.

Cependant j'avais des visites de congé à faire et celle du baron de Bussières me revenait toujours à l'esprit, comme une malencontreuse obligation que je m'étais gratuitement imposée. Très heureusement je n'avais pas demandé son adresse, et cette circonstance me paraissait déterminante. J'étais enchanté d'avoir une excuse pour ne point effectuer ma promesse.

C'était le 15, et j'allai retenir ma place aux voitures de Naples ; mon départ est arrêté pour le 17 à trois heures du matin. Il me restait deux jours, je les employai à de nouvelles courses.

Mais en sortant d'un magasin de librairie où j'avais vu quelques ouvrages sur Constantinople, je rencontre, au Corso, un domestique de M. de Bussières père; il me salue et m'aborde. Je lui demande l'adresse de M. Théodore de Bussières; il me répond avec l'accent alsacien : Piazza Nicosia, n° 38.

Il me fallut donc, bon gré, mal gré, faire cette visite, et cependant, je résistai vingt fois encore. Enfin je me décide en traçant un *p. p. c.* sur ma carte.

Je cherchais cette place Nicosia et, après bien des détours et circuits, j'arrive au n° 38. C'était précisément la porte à côté du bureau des diligences où j'avais pris ma place le même jour. J'avais fait bien du chemin pour arriver au point d'où j'étais parti; itinéraire de plus d'une existence humaine ! Mais du même point où je me retrouvais alors, j'allais repartir encore une fois pour faire un tout autre chemin !

Mon entrée chez M. de Bussières me causa de l'humeur; car le domestique, au lieu de prendre ma carte que je tenais en main, m'annonça et m'introduisit au salon. Je déguisai ma contrariété, tant bien que mal, sous les formes du sourire, et j'allai m'asseoir auprès de Mme la baronne de Bussières, qui se trouvait entourée de ses deux petites filles, gracieuses et douces, comme les anges de Raphaël. La conversation, d'abord vague et légère, ne tarda point à se colorer de toute la passion avec laquelle je racontai mes impressions de Rome…

Je regardais le baron de Bussières comme un dévot, dans le sens malveillant qu'on donne à ce terme, et j'étais fort aise d'avoir l'occasion de le tympaniser à propos de l'état des Juifs romains. Cela me soulageait ; mais ces griefs placèrent la conversation sur le terrain religieux. M. de Bussières me parla des grandeurs du catholicisme ; je répondis par des ironies et des imputations que j'avais lues ou entendues si souvent ; encore imposai-je un frein à ma verve impie, par respect pour Mme de Bussières et pour la foi des jeunes enfants qui jouaient à côté de nous. « Enfin, me dit M. de Bussières, puisque vous détestez la superstition et que vous professez des doctrines si libérales, puisque vous êtes un esprit fort si éclairé, auriez-vous le courage de vous soumettre à une épreuve bien innocente ? — Quelle épreuve ? — Ce serait de porter sur vous un objet que je vais vous donner… Voici ! c'est une médaille de la Sainte Vierge. Cela vous paraît bien ridicule, n'est-ce pas ? Mais quant à moi, j'attache une grande valeur à cette médaille. »

La proposition, je l'avoue, m'étonna par sa puérile singularité Je ne m'attendais pas à cette chute. Mon premier mouvement était de rire en haussant les épaules ; mais la pensée me vint que cette scène fournirait un délicieux chapitre à mes impressions de voyage, et je consentis à prendre la médaille comme une pièce de conviction que j'offrirais à ma fiancée. Aussitôt dit et aussitôt fait. On me passe la médaille au cou, non sans peine, car le nœud était trop court et le cordon ne passait pas. Enfin, à force de tirer, j'avais la médaille sur ma poitrine, et je m'écriais avec un éclat de rire : « Ah ! ah ! me voilà catholique, apostolique et romain ! »

C'était le démon qui prophétisait par ma bouche.

M. de Bussières triomphait naïvement de sa victoire, et voulut en remporter tous les avantages.

Maintenant, me dit-il, il faut compléter l'épreuve. Il s'agit de réciter matin et soir le *Memorare,* prière très courte et très efficace, que saint Bernard adressa à la Vierge Marie. — Qu'est-ce que votre *Memorare ?* m'écriai-je ; laissons ces sottises ! Car en ce moment je sentais toute mon animosité se renouveler en moi. Le nom de saint Bernard me rappelait mon frère qui avait écrit l'histoire de ce saint, ouvrage que je n'avais jamais voulu lire ; et ce souvenir réveillait à son tour tous mes ressentiments contre le prosélytisme, et le jésuitisme, et ceux que j'appelais tartufes et apostats.

Je priai donc M. de Bussières d'en rester là; et, tout en me moquant de lui, je regrettais de n'avoir pas moi-même une prière hébraïque à lui offrir pour que la partie fût égale : mais je n'en avais point et n'en connaissais point.

Cependant mon interlocuteur insista : il me dit qu'en refusant de réciter cette courte prière je rendais l'épreuve nulle, et que je prouvais par cela même la réalité de l'obstination volontaire qu'on reproche aux Juifs.

Je ne voulus point attacher trop d'importance à la chose, et je dis : « Soit! je vous promets de réciter cette prière; si elle ne me fait pas de bien, du moins ne me fera-t-elle pas de mal! » Et M. de Bussières alla la chercher en m'invitant à la copier. J'y consentis, à la condition, lui répondis-je, « que je vous remettrai ma copie et garderai votre original». Ma pensée était d'enrichir mes notes de cette nouvelle pièce justificative.

Nous étions donc parfaitement satisfaits l'un et l'autre; notre causerie, en définitive, m'avait paru bizarre, et elle m'amusa. Nous nous séparâmes, et j'allai passer la soirée au spectacle, où j'oubliai et la médaille et le *Memorare.* Mais en rentrant chez moi, je trouvai un billet de M. de Bussières, qui était venu rendre ma visite, et m'invitait à le revoir avant mon départ. J'avais à lui restituer son *Memorare,* et devant partir le lendemain, je fis mes malles et mes préparatifs ; puis je me mis à copier la prière, qui était conçue en ces propres termes :

« Souvenez-vous, Ô très pieuse Vierge Marie, qu'on n'a jamais ouï dire qu'aucun de ceux qui ont eu recours à votre protection, imploré votre secours et demandé votre suffrage, ait été abandonné. Plein d'une pareille confiance, je viens, Ô Vierge des Vierges, me jeter entre vos bras, et, gémissant sous le poids de mes péchés, je me prosterne à vos pieds. Ô Mère du Verbe, ne dédaignez pas mes prières, mais écoutez-les favorablement et daignez les exaucer. »

J'avais copié machinalement ces paroles de saint Bernard, sans presque aucune attention. J'étais fatigué ; l'heure était avancée, et j'avais besoin de prendre du repos.

Le lendemain, 16 janvier, je fis signer mon passeport et achevai les dispositions du départ ; mais, chemin faisant, je redisais sans cesse les paroles du *Memorare.* Comment donc, ô mon Dieu ! ces paroles s'étaient-elles si vivement, si intimement emparées de mon esprit ? Je ne pouvais m'en défendre ; elles me revenaient sans cesse : je les répétais continuellement, comme ces airs de musique qui vous poursuivent et vous impatientent, et qu'on fredonne malgré soi, quelque effort qu'on fasse.

Vers onze heures, je me rendis chez M. de Bussières pour lui rapporter son inextricable prière. Je lui parlai de mon voyage d'Orient, et il me fournit d'excellents renseignements.

« Mais, s'écria-t-il tout à coup, il est étrange que vous quittiez Rome dans un moment où tout le monde vient assister aux pompes de Saint-Pierre ! Peut-être ne reviendrez-vous jamais, et vous regretterez d'avoir manqué une occasion que tant d'autres viennent chercher avec une si avide curiosité. »

Je lui répondis que j'avais pris et payé ma place ; que déjà j'en avais donné avis à ma famille ; que des lettres m'attendaient à Palerme ; qu'enfin il était trop tard pour changer mes dispositions, et que, décidément, je partirais.

Ce colloque fut interrompu par l'arrivée du facteur, qui apportait à M. de Bussières une lettre de l'abbé Ratisbonne. Il m'en donna connaissance ; je la lus mais sans aucun intérêt, car il n'était question dans cette lettre que d'un ouvrage religieux que M. de Bussières faisait imprimer à Paris. Mon frère ignorait d'ailleurs que je fusse à Rome. Cet épisode inattendu devait abréger ma visite, car je fuyais même le souvenir de mon frère.

Cependant, par une influence incompréhensible, je me décidai à prolonger mon séjour à Rome. J'accordais aux instances d'un homme que je connaissais à peine ce que j'avais obstinément refusé à mes amis et à mes camarades les plus intimes.

Quelle était donc, ô mon Dieu ! cette impulsion irrésistible qui me faisait faire ce que je ne voulais pas ? N'était-ce pas la même qui, de Strasbourg, me poussait en Italie, malgré les invitations de Valence et de Paris ? La même qui, de Naples, me poussait à Rome, malgré ma détermination d'aller en Sicile ? La même qui, à Rome, à l'heure de mon départ, me força de faire la visite qui me répugnait, tandis que je ne trouvais plus le temps de faire aucune de celles que j'aimais ? Ô conduite providentielle ! Il y a donc une mystérieuse influence qui accompagne l'homme sur la route de vie ? J'avais reçu à ma naissance le nom de Tobie avec celui d'Alphonse J'oubliai mon premier nom ; mais l'ange invisible ne l'oublia point. C'était là le véritable ami que le ciel m'avait envoyé; mais je ne le connaissais pas. Hélas! il y a tant de Tobies dans le monde qui ne connaissent point ce guide céleste et qui résistent à sa voix!

Mon intention n'était pas de passer le carnaval à Rome; mais je voulais voir le pape; et M. de Bussières m'avait assuré que je le verrais au premier jour à Saint-Pierre. Nous allâmes faire quelques courses ensemble. Nos conversations avaient pour objet tout ce qui frappait nos regards : tantôt un monument, tantôt un tableau, tantôt les mœurs du pays, et à ces divers sujets se mêlèrent toujours les questions religieuses. M. de Bussières les amenait si naïvement, y insistait avec une ardeur si vive, que plus d'une fois dans le secret de ma pensée, je me disais que si quelque chose pouvait éloigner un homme de la religion, c'était l'insistance même qu'on mettait à le convertir. Ma gaieté naturelle me portait à rire des choses les plus graves, et aux étincelles de mes plaisanteries se joignait le feu infernal des blasphèmes auxquels je n'ose plus penser aujourd'hui, tellement j'en suis effrayé.

Et cependant M. de Bussières, tout en m'exprimant sa douleur, demeurait calme et indulgent. Il me dit même une fois : « Malgré vos emportements, j'ai la conviction qu'un jour vous serez chrétien, car il y a en vous un fonds de droiture qui me rassure et me persuade que vous serez éclairé, dût pour cela le Seigneur vous envoyer un ange du ciel. »

— « A la bonne heure, lui répondis-je, car autrement la chose serait difficile. »

En passant devant la *Scala Santa,* M. de Bussières se prit d'enthousiasme. Il se leva dans sa voiture, et se découvrant la tête, il s'écria avec feu : « Salut, Saint Escalier ! voici un pécheur qui vous montera un jour à genoux ! »

Exprimer ce que produisit sur moi ce mouvement inattendu, cet honneur extraordinaire rendu à un *escalier,* serait chose impossible. J'en riais comme d'une action tout à fait insensée ; et quand plus tard nous traversâmes la délicieuse *villa Wolkonski,* dont les jardins éternellement fleuris sont entrecoupés par les aqueducs de Néron, j'élevai la voix à mon tour, et je m'écriai en parodiant la première exclamation : « Salut, vraies merveilles de Dieu ! c'est devant vous qu'il faut se prosterner, et non pas devant un escalier ! »

Ces promenades en voiture se renouvelèrent les deux jours suivants, et durèrent une ou deux heures. Le mercredi 19, je vis encore M. de Bussières, mais il semblait triste et abattu. Je me retirai, par discrétion, sans lui demander la cause de son chagrin. Je ne l'appris que le lendemain à midi, dans l'église Saint-André-des-Frères.

Je devais partir le 22, car j'avais de nouveau retenu ma place pour Naples. Les préoccupations de M. de Bussières avaient diminué son ardeur prosélytique, et je pensais qu'il avait oublié sa médaille miraculeuse, tandis que, moi, je murmurais toujours avec une inconcevable impatience l'invocation perpétuelle de saint Bernard.

Cependant, au milieu de la nuit du 19 au 20, je me réveillai en sursaut : je voyais fixe devant moi une grande croix noire d'une forme particulière et sans Christ. Je fis des efforts pour chasser cette image, mais je ne pouvais l'éviter, et je la retrouvais toujours devant moi, de quelque côté que je me tournasse. Je ne pourrais dire combien de temps dura cette lutte. Je me rendormis ; et le lendemain, à mon réveil, je n'y pensai plus.

J'avais à écrire plusieurs lettres, et je me rappelle que l'une d'elles, adressée à la jeune sœur de ma fiancée, se terminait par ces mots : *que Dieu vous garde !...* Depuis, j'ai reçu une lettre de ma fiancée, sous la même date du 20 janvier, et, par une singulière coïncidence, cette lettre finissait par les mêmes mots : *que Dieu vous garde!...* Ce jour-là était, en effet, sous la garde de Dieu.

Toutefois, si quelqu'un m'avait dit dans la matinée de ce jour : « *Tu t'es levé juif et tu te coucheras chrétien » si* quelqu'un m'avait dit cela, je l'aurais regardé comme le plus fou des hommes.

Le jeudi 20 janvier, après avoir déjeuné à l'hôtel et porté moi-même mes lettres à la poste, j'allai chez mon ami Gustave, le piétiste, qui était revenu de la chasse, excursion qui l'avait éloigné pendant quelques jours.

Il était fort étonné de me retrouver à Rome. Je lui en expliquai le motif : c'était l'envie de voir le pape.

« Mais je partirai sans le voir, lui dis-je; car il n'a pas assisté aux cérémonies de la Chaire de saint Pierre, où l'on m'avait fait espérer qu'il se trouverait. »

Gustave me consola ironiquement en me parlant d'une autre cérémonie tout à fait curieuse, qui devait avoir lieu, je crois, à Sainte-Marie-Majeure Il s'agissait de la bénédiction des animaux. Et sur cela, assauts de calembours et de quolibets tels qu'on peut se les figurer entre un juif et un protestant.

Nous nous séparâmes vers onze heures, après nous être donné rendez-vous au lendemain : car nous devions aller examiner ensemble un tableau qu'avait fait notre compatriote, le baron de Lotzbeck. Je me rendis dans un café, sur la place d'Espagne, pour y parcourir les journaux, et je m'y trouvais à peine, quand M. Edmond Humann, le fils du ministre des finances, vint se placer à côté de moi, et nous causâmes très joyeusement sur Paris, les arts et la politique. Bientôt un autre m'aborde, c'était un protestant, M. Alfred de Lotzbeck, avec lequel j'eus une conversation plus futile encore. Nous parlâmes de chasse, de plaisirs, des réjouissances du carnaval, de la soirée brillante qu'avait donnée, la veille, le duc de Torlonia. Les fêtes de mon mariage ne pouvaient être oubliées, j'y invitai M. de Lotzbeck, qui me promit positivement d'y assister.

Si en ce moment (car il était midi), un troisième interlocuteur s'était approché de moi, et m'avait dit : « Alphonse, dans un quart d'heure tu adoreras Jésus-Christ, ton Dieu et ton Sauveur, et tu seras prosterné dans une pauvre église, et tu te frapperas la poitrine aux pieds d'un prêtre, dans un couvent de Jésuites où tu passeras le carnaval pour te préparer au baptême, prêt à t'immoler pour la foi catholique ; et tu renonceras au monde, à ses pompes, à ses plaisirs, à ta fortune, à tes espérances, à ton avenir; et, s'il le faut, tu renonceras encore à ta fiancée, à l'affection de ta famille, à l'estime de tes amis, à l'attachement des Juifs et tu n'aspireras plus qu'à suivre Jésus-Christ et à porter sa croix jusqu'à la mort!... » Je dis que si quelque prophète m'avait fait une semblable prédiction, je n'aurais jugé qu'un seul homme plus insensé que lui : c'eût été l'homme qui aurait cru à la possibilité d'une telle folie !

Et cependant, c'est cette folie qui fait aujourd'hui ma sagesse et mon bonheur.

En sortant du café, je rencontre la voiture de M. Théodore de Bussières. Elle s'arrête, et je suis invité à y monter pour une partie de promenade. Le temps était magnifique, et j'acceptai avec plaisir. Mais M. de Bussières me demanda la permission de s'arrêter quelques minutes à l'église Saint-André-des-Frères, qui se trouvait presque à côté de nous, pour une commission qu'il avait à remplir; il me proposa de l'attendre dans la voiture ; je préférai sortir pour voir cette église. On y faisait des préparatifs funéraires, et je m'informai du nom du défunt qui devait y recevoir les derniers honneurs. M. de Bussières me répondit : « C'est un de mes amis, le comte de Laferronays ; sa mort subite, ajouta-t-il, est la cause de cette tristesse que vous avez dû remarquer en moi depuis deux jours. »

Je ne connaissais pas M. de Laferronays ; je ne l'avais jamais vu, et je n'éprouvais d'autre impression que celle d'une peine assez vague que l'on ressent toujours à la nouvelle d'une mort subite. M. de Bussières me quitta pour aller retenir une tribune destinée à la famille du défunt. « Ne vous impatientez pas, me dit-il, en montant au cloître, ce sera l'affaire de deux minutes... »

L'église de Saint-André est petite, pauvre et déserte ; je crois y avoir été à peu près seul ; aucun objet d'art n'y attirait mon attention. Je promenai machinalement mes regards autour de moi, sans m'arrêter à aucune pensée ; je me souviens seulement d'un chien noir qui sautait et bondissait devant mes pas... Bientôt ce chien disparut, l'église tout entière disparut, je ne vis plus rien... ou plutôt, ô mon Dieu ! je vis une seule chose !

Comment serait-il possible d'en parler ? Oh ! non, la parole humaine ne doit point essayer d'exprimer ce qui est inexprimable ; toute description, quelque sublime qu'elle puisse être, ne serait qu'une profanation de l'ineffable vérité. J'étais là, prosterné, baigné dans mes larmes, le cœur hors de moi-même, quand M. de Bussières me rappela à la vie.

Je ne pouvais répondre à ses questions précipitées; mais enfin je saisis la médaille que j'avais laissée sur ma poitrine ; je baisai avec effusion l'image de la Vierge rayonnante de grâce... Oh ! c'était bien elle !

Je ne savais où j'étais ; je ne savais si j'étais Alphonse ou un autre ; j'éprouvais un si total changement, que je me croyais un autre moi-même... Je cherchais à me retrouver et je ne me retrouvais pas... La joie la plus ardente éclata au fond de mon âme ; je ne pus parler; je ne voulus rien révéler; je sentais en moi quelque chose de solennel et de sacré qui me fit demander un prêtre... On m'y conduisit, et ce n'est qu'après en avoir reçu l'ordre positif, que je parlai selon qu'il m'était possible, à genoux et le cœur tremblant.

Mes premiers mots furent des paroles de reconnaissance pour M. de Laferronays et pour l'Archiconfrérie de Notre-Dame-des-Victoires. Je savais d'une manière certaine que M. de Laferronays avait prié pour moi[5] ; mais je ne saurais dire comment je l'ai su, pas plus que je ne pourrais rendre compte des vérités dont j'avais

5. On sait que M. Le comte de Laferronays, après avoir édifié Rome par ses vertus et par la piété qui éclata dans les dernières années de sa vie, mourut subite-

acquis la foi et la connaissance. Tout ce que je puis dire, c'est qu'au moment du geste, le bandeau tomba de mes yeux ; non pas un seul bandeau, mais toute la multitude de bandeaux qui m'avaient enveloppé disparurent successivement et rapidement, comme la neige et la boue et la glace sous l'action d'un brûlant soleil.

Je sortais d'un tombeau, d'un abîme de ténèbres, et j'étais vivant, parfaitement vivant... Mais je pleurais ! je voyais au fond de l'abîme les misères extrêmes d'où j'avais été tiré par une miséricorde infinie ; je frissonnais à la vue de toutes mes iniquités, et j'étais stupéfait, attendri, écrasé d'admiration et de reconnaissance... Je pensais à mon frère avec une indicible joie ; mais à mes larmes d'amour se mêlèrent des larmes de pitié. Hélas ! tant d'hommes descendent tranquillement dans cet abîme les yeux fermés par l'orgueil ou l'insouciance ! ils y descendent, ils s'engloutissent tout vivants dans les horribles ténèbres !... Et ma famille, ma fiancée, mes pauvres sœurs ! Oh ! déchirante anxiété ! C'est à vous que je pensais, ô vous que j'aime ! c'est à vous

ment le 17 janvier au soir. La veille, il avait dîné chez le prince Borghèse, où M. de Bussières recommanda le jeune Israélite aux prières de M. de Laferronays qui témoigna le plus vif intérêt pour cette conversion.

que je donnais mes premières prières !... Ne lèverez-vous pas les yeux vers le Sauveur du monde, dont le sang a effacé le péché originel ? Oh ! que l'empreinte de cette souillure est hideuse ! Elle rend complètement méconnaissable la créature faite à l'image de Dieu.

On me demande comment j'ai appris ces vérités, puisqu'il est avéré que jamais je n'ouvris un livre de religion, jamais je ne lus une page de la Bible, et que le dogme du péché originel, totalement oublié ou nié par les Juifs de nos jours, n'avait jamais occupé un instant ma pensée ; je doute même d'en avoir connu le nom. Comment donc suis-je arrivé à cette connaissance ? Je ne saurais le dire. Tout ce que je sais, c'est qu'en entrant à l'église, j'ignorais tout ; qu'en sortant, je voyais clair. Je ne puis expliquer ce changement que par la comparaison d'un homme qu'on réveillerait subitement d'un profond sommeil, ou bien par l'analogie d'un aveugle-né qui tout à coup verrait le jour : il voit, mais il ne peut définir la lumière qui l'éclaire et au sein de laquelle il contemple les objets de son admiration. Si on ne peut expliquer la lumière physique, comment pourrait-on expliquer la lumière qui, au fond, n'est que la vérité elle-même ? Je crois rester dans le vrai en disant que je n'avais nulle science de la lettre, mais que j'entrevoyais le sens et l'esprit des dogmes. Je sentais ces choses plus que je ne les voyais, et je les sentais par les effets inexprimables qu'elles produisirent en moi. Tout se passait au-dedans de moi, et ces impressions mille fois plus rapides que la pensée, mille fois plus profondes que la réflexion, n'avaient pas seulement ému mon âme, mais elles l'avaient comme retournée et dirigée dans un autre sens, vers un autre but et dans une nouvelle vie.

Je m'explique mal ; mais voulez-vous, Monsieur, que je renferme dans des mots étroits et secs des sentiments que le cœur même peut à peine contenir ?

Quoi qu'il en soit de ce langage inexact et incomplet, le fait positif est que je me trouvais en quelque sorte comme un être nu, comme une table rase... Le monde n'était plus rien pour moi : les préventions contre le christianisme n'existaient plus ; les préjugés de mon enfance n'avaient plus la moindre trace ; l'amour de mon Dieu avait tellement pris la place de tout autre amour, que ma fiancée elle-même m'apparaissait sous un nouveau point de vue. Je l'aimais comme on aimerait un objet que Dieu tient entre ses mains comme un don précieux qui fait aimer encore davantage le donateur.

Je répète que je conjurai mon confesseur, le R P. de Villefort, et M. de Bussières, de garder un secret inviolable sur ce qui m'était arrivé. Je voulus m'ensevelir au couvent des Trappistes pour ne plus m'occuper que des choses éternelles ; et aussi, je l'avoue, je pensais que dans ma famille et parmi mes amis on me croirait fou, qu'on me tournerait en ridicule, et qu'ainsi mieux vaudrait échapper entièrement au monde, à ses propos et à ses jugements.

Cependant les supérieurs ecclésiastiques me montrèrent que le ridicule, les injures, les faux jugements, faisaient partie du calice d'un vrai chrétien ; ils m'engagèrent à boire ce calice et m'avertirent que Jésus-Christ avait annoncé à ses disciples des souffrances, des tourments et des supplices. Ces graves paroles, loin de me décourager, enflammèrent ma joie intérieure ; je me sentais prêt à tout, et je sollicitais vivement le baptême. On voulut le retarder : « Mais, quoi ! m'écriai-je, les Juifs qui entendirent la prédication des Apôtres furent immédiatement baptisés, et vous voulez m'ajourner, après que j'aie entendu la reine des apôtres ! » Mes émotions, mes désirs véhéments, mes supplications touchèrent les hommes charitables qui m'avaient recueilli, et l'on me fit la promesse, à jamais bienheureuse, du baptême !

Je ne pouvais presque pas attendre le jour fixé pour la réalisation de cette promesse tellement je me voyais difforme devant Dieu ! Et cependant que de bonté, que de charité ne m'a-t-on pas témoigné pendant les jours de ma préparation ? J'étais entré au couvent des Pères Jésuites pour vivre dans la retraite, sous la direction du R P. de Villefort, qui nourrissait mon âme de tout ce que la parole divine a de plus suave et de plus onctueux. Cet homme de Dieu n'est pas un homme : c'est un cœur, c'est une personnification de la céleste charité ! Mais à peine avais-je les yeux ouverts que je découvris autour de moi bien d'autres hommes de ce même genre, dont le monde ne se doute pas. Mon Dieu, que de bonté, que de délicatesse et de grâce dans le cœur de ces vrais chrétiens ! Tous les soirs, pendant ma retraite, le vénérable supérieur général des jésuites venait lui-même jusqu'à moi, et versait dans mon âme un baume du ciel. Il me disait quelques mots et ces mots semblaient s'ouvrir et grandir en moi à mesure que je les écoutais, et ils me remplissaient de joie, de lumière et de vie.

Ce prêtre, si humble et à la fois si puissant, aurait pu ne point me parler, car sa seule vue produisait en moi l'effet de la parole ; son souvenir aujourd'hui encore suffit pour me rappeler la présence de Dieu et allumer la plus vive reconnaissance. Je n'ai point de termes pour exprimer cette reconnaissance ; il me faudrait un cœur bien autrement vaste, et cent bouches pour dire quel amour je ressens pour ces hommes de Dieu, pour M. Théodore de Bussières, qui a été l'ange de Marie, pour la famille de Laferronays, à laquelle je porte une vénération et un attachement au-dessus de toute expression !

Le 31 janvier arriva enfin, et ce ne sont plus quelques âmes, mais toute une multitude d'âmes pieuses et charitables qui m'enveloppèrent en quelque sorte de tendresse et de sympathie ! Combien je voudrais les connaître et les remercier ! Puissent-elles toujours prier pour moi, comme je prie pour elles !

Ô Rome ! quelle grâce j'ai trouvée dans ton sein !

La mère de mon Sauveur avait tout disposé d'avance, car elle avait fait venir là un prêtre français pour me parler ma langue maternelle au moment solennel du baptême ; c'est M. Dupanloup, dont le souvenir se rattachera toute ma vie aux émotions les plus vives que j'ai éprouvées. Heureux ceux qui l'ont entendu ! Car les échos de cette puissante parole, qu'on a répétée plus tard, ne rendront jamais l'effet de la parole elle-même. Oh ! oui, je sentais qu'elle était inspirée par celle-là même qui faisait l'objet du discours.

Je ne rapporterai point les choses qui regardent mon baptême, ma confirmation et ma première communion, grâces ineffables que j'ai toutes reçues en ce même jour des mains de S. E. Le cardinal Patrizzi, vicaire de Sa Sainteté.

J'aurais trop à vous dire si je m'abandonnais à vous rendre mes impressions, si je redisais ce que j'ai vu, entendu et ressenti, si je rappelais surtout la charité qui m'a été prodiguée. Je nommerai seulement ici l'Éminentissime cardinal Mezzofanti... Le Seigneur a doté cet illustre personnage du don des langues, comme une récompense accordée à un cœur qui se fait tout à nous.

Une dernière consolation m'était réservée.

Vous vous rappelez quel était mon désir de voir le Saint-Père, désir ou plutôt curiosité qui m'avait retenu à Rome. Mais j'étais loin de me douter dans quelles circonstances ce désir se réaliserait. C'est en qualité d'enfant nouveau-né de l'Église que je fus présenté au Père de tous les fidèles. Il me semble que dès mon baptême j'éprouvai pour le souverain pontife les sentiments de respect et d'amour d'un fils. J'étais donc bien heureux quand on annonça que je serais conduit à cette audience sous les ailes du R. P. général des Jésuites ; mais pourtant je tremblais, car je n'avais jamais paru devant les grands du monde, et ces grands me paraissaient alors bien petits en comparaison de cette vraie grandeur. J'avoue que toutes les majestés du monde me semblaient concentrées sur celui qui possède ici-bas la puissance de Dieu, sur le pontife qui, par une succession non interrompue, remonte à saint Pierre et au grand-prêtre, Aaron, le successeur de Jésus-Christ lui-même, dont il occupe la chaire inébranlable !

Je n'oublierai jamais la crainte et les battements de cœur qui m'oppressaient en entrant au Vatican, en traversant tant de vastes cours, tant de salles imposantes qui conduisent au sanctuaire du Pontife. Mais toutes ces anxiétés tombèrent et firent place à la surprise et à l'étonnement, quand je le vis lui-même si simple, si humble et si paternel ! Ce n'était point un monarque, mais un père dont la bonté extrême me traitait comme un enfant bien-aimé.

Mon Dieu ! en sera-t-il ainsi au dernier jour, quand il faudra paraître devant vous pour rendre compte des grâces reçues ? On tremble à la pensée des grandeurs de Dieu, et l'on redoute sa justice; mais à la vue de sa miséricorde, la confiance renaîtra sans doute, et avec la confiance, un amour et une reconnaissance sans bornes.

Reconnaissance ! telle sera désormais ma loi et ma vie ! Je ne puis l'exprimer en paroles, mais je tâcherai de l'exprimer par mes actes.

Les lettres de ma famille me rendent toute ma liberté; cette liberté, je la consacre à Dieu, et je la lui offre dès à présent, avec ma vie entière, pour servir l'église et mes frères, sous la protection de Marie !

DÉCRET
constatant la conversion miraculeuse de MARIE-ALPHONSE RATISBONNE

Au nom de Dieu. Ainsi soit-il.

L'an de Notre Seigneur et Sauveur Jésus-Christ mil huit cent quarante-deux, de l'indiction romaine le quinzième, la douzième année du pontificat de N. S. P. le pape Grégoire XVI, le troisième jour de juin.

En présence de l'éminentissime et révérendissime seigneur Constantin, cardinal Patrizzi, vicaire général de N. S. P. le pape, dans la ville de Rome, juge ordinaire de la cour romaine et de son ressort, a comparu le révérendissime François Anivitti, promoteur fiscal près le tribunal du vicariat, spécialement délégué par l'éminentissime et révérendissime cardinal vicaire, à l'effet de rechercher et d'examiner les témoins relativement à la vérité et à l'authenticité de la merveilleuse conversion du judaïsme à la religion catholique, qu'a obtenue par l'intercession de la bienheureuse Vierge Marie, Alphonse-Marie Ratisbonne, de Strasbourg, âgé de vingt-huit ans, alors à Rome, lequel promoteur déclare s'être appliqué à satisfaire, avec toute la sollicitude et le zèle dont il est capable, au devoir dont il a été chargé, et qu'il a accepté avec empressement ; il dit avoir soumis à un examen formel des témoins, au nombre de neuf, qui tous, juridiquement interpellés, ont montré, dans leur récit plein de sincérité, une unanimité merveilleuse en tout ce qui se rapporte, soit à la substance du fait, soit aux résultats de cet admirable événement. C'est pourquoi il assure qu'il s'est convaincu qu'il ne reste rien à désirer pour reconnaître ici le caractère d'un véritable miracle. Toutefois il remet la décision complète de l'affaire à son éminence révérendissime, qui, après avoir vu et examiné les actes, les interrogatoires et documents, daignera intervenir, par un décret définitif, selon qu'elle le jugera expédient dans le Seigneur.

En conséquence, après avoir entendu le rapport, et pris connaissance du procès ; vu les interrogatoires des témoins, leurs réponses et renseignements ; les ayant considérés avec attention et maturité ; après avoir recueilli les avis des théologiens et d'autres personnages pieux, suivant la forme indiquée par le concile de Trente (session 25, de l'invocation et de la vénération des saints, de leurs reliques et des saintes images), l'éminentissime et révérendissime cardinal vicaire de la ville a dit, prononcé et définitivement déclaré qu'il constate pleinement du vrai et insigne miracle opéré par le Dieu très bon et très grand, par l'intercession de la bienheureuse Vierge Marie, dans la conversion instantanée et parfaite d'Alphonse-Marie Ratisbonne du judaïsme Et, parce qu'il est honorable de révéler et de confesser les œuvres de Dieu (*Tobie,* 12, 7), son Éminence daigne permettre qu'à la plus grande gloire de Dieu, et pour accroître la dévotion des fidèles envers la bienheureuse Vierge Marie, la relation de ce miracle insigne puisse être imprimée et publiée, et qu'elle ait autorité.

Donné au palais de son éminentissime et révérendissime cardinal vicaire de la ville, et juge ordinaire, les jours, mois et an que dessus.

Conforme à l'original.

†

Lieu du sceau.

C., Cardin, vicaire.
Cam. Diamilla, notaire député.
Joseph, chan. ; Tarnassi, sec.

Avant de terminer, nous reproduisons ici l'introduction que donnait l'édition de 1930.

Le fait de la conversion de M. Ratisbonne n'est ignoré de presque aucun chrétien; mais les détails de cette conversion miraculeuse sont oubliés de presque tout le monde. On sait qu'entré juif à Rome, il en sortit catholique, à la suite d'une apparition de la Sainte Vierge Marie; qu'il fut admis dans la compagnie de Jésus et qu'il la quitta, quelques années après, avec l'assentiment de ses supérieurs, pour se consacrer à la conversion de ses anciens coreligionnaires. Il partagea dès lors les travaux de son frère, le Père Théodore Ratisbonne, fondateur de la congrégation de Notre-Dame de Sion, passa la plus grande partie de sa vie en Terre Sainte, où des œuvres durables perpétuent sa mémoire, éleva, sur l'emplacement de l'ancien prétoire de Pilate, le sanctuaire de *l'Ecce Homo,* enfin, mourut saintement à Jérusalem après un long et fécond apostolat.

Mais ce n'est pas assez de ces vagues renseignements pour comprendre le retentissement que cette conversion eut dans l'univers tout entier, et pour mesurer l'immensité de la grâce et de la miséricorde divine qui éclatèrent en cet événement mémorable. Depuis la conversion de saint Paul sur le chemin de Damas, jamais plus touchante manifestation de la bonté de Dieu, et de l'amour maternel de la Vierge Marie pour les âmes, n'avait réjoui l'Église et décontenancé ses adversaires. Le changement subit, foudroyant, d'un jeune banquier juif, étranger, hostile à la doctrine chrétienne, en un catholique ardent, complet, sachant tout, aimant tout des choses divines, prêt à tout sacrifier pour elles, remua Israël jusque dans ses fondements. D'autre part, le rôle prépondérant joué dans cette conversion par un ancien protestant, devenu lui aussi fervent catholique, M. Théodore de Bussières, porta le trouble dans le camp de la réforme et jeta dans l'âme de beaucoup de protestants sincères des semences fécondes de salut. J'ai prié à Rome dans l'église et devant l'autel où M. Ratisbonne tomba foudroyé par la grâce divine; j'ai entendu le récit de sa conversion de la bouche de M. de Bussières lui-même, et je n'oublierai jamais l'émotion de l'auditoire de soldats rassemblés dans la crypte de la chapelle des missions étrangères, devant lesquels cet humble et admirable chrétien en racontait les détails. En l'écoutant, les yeux de ces braves petits troupiers étaient mouillés de larmes, et tous, j'en suis sûr, ont conservé précieusement la médaille de la Vierge miraculeuse qu'il leur passa au cou, à la fin de son discours.

Cette émotion qu'éprouve toute âme humaine quand le surnaturel croise son chemin, je l'ai éprouvée de nouveau en relisant la relation écrite de M. de Bussières et celle de M. Ratisbonne lui-même, et j'ai la conviction qu'elle sera ressentie également par quiconque la relira comme moi, sans parti pris d'incrédulité. La vérité a un accent inimitable qu'entendent et reconnaissent tous les hommes de bonne volonté.

C'est à ceux-là que j'ai pensé en rééditant ce récit d'un des faits les plus touchants et les plus extraordinaires de notre siècle. L'Église, par la bouche du saint-siège, en a proclamé la vérité et le caractère miraculeux. Il s'impose donc à l'attention et au respect de tous les fidèles, comme à l'examen sérieux des incroyants de bonne foi.

A. de Ségur

TABLE DES MATIERES

ACHEVÉ D'IMPRIMER EN MAI 1998
SUR LES PRESSES DES ÉDITIONS TÉQUI
53150 SAINT-CÉNERÉ

N° d'édition : T 53 1157
Dépôt légal : Mai 1998